Watzlawick

Die Möglichkeit des Andersseins

Weitere Bücher von Paul Watzlawick bei Hans Huber:

Paul Watzlawick, Janet H. Beavin und Don D. Jackson
Menschliche Kommunikation
Formen, Störungen, Paradoxien
10., unveränderte Auflage
271 Seiten (ISBN 3-456-83457-8)

Paul Watzlawick, John H. Weakland und Richard Fisch
Lösungen
Zur Theorie und Praxis menschlichen Wandels
6., unveränderte Auflage
198 Seiten (ISBN 3-456-83566-3)

Paul Watzlawick
Münchhausens Zopf oder: Psychotherapie und »Wirklichkeit«
Aufsätze und Vorträge über menschliche Probleme in
systemisch-konstruktivistischer Sicht
208 Seiten (ISBN 3-456-81708-8)

Paul Watzlawick und John H. Weakland (Hrsg.)
Interaktion
Kommentiert von Paul Watzlawick
526 Seiten (ISBN 3-456-80448-2)

Paul Watzlawick

Die Möglichkeit des Andersseins

Zur Technik der therapeutischen Kommunikation

Fünfte, durch ein neues Vorwort ergänzte Auflage

Verlag Hans Huber
Bern · Göttingen · Toronto · Seattle

Hinweis: Abbildung 2, S. 60: Copyright by Cosmopress 1977.

Die Deutsche Bibliothek – CIP-Einheitsaufnahme

Watzlawick, Paul:
Die Möglichkeit des Andersseins: Zur Technik der
therapeutischen Kommunikation / Paul Watzlawick. – 5.,
durch ein neues Vorw. erg. Aufl. – Bern; Göttingen;
Toronto; Seattle: Huber, 2002
    ISBN 3-456-83895-6

Fünfte, durch ein neues Vorwort ergänzte Auflage 2002
© 1977/2002 by Verlag Hans Huber, Bern

Anregungen und Zuschriften bitte an:
Verlag Hans Huber, Länggass-Straße 76, CH-3000 Bern 9
Tel: 00 41 (0) 31 300 45 00 / Fax: 00 41 (0) 31 300 45 93
E-Mail: verlag@hanshuber.com / Internet: http://
www.HansHuber.com

Lektorat: Dr. Peter Stehlin
Herstellung: Daniel Berger
Druck und buchbinderische Verarbeitung: Clausen & Bosse, Leck
Printed in Germany

Inhaltsverzeichnis

Vorwort zur fünften Auflage

Welch ungewöhnliches Ereignis für einen Autor, sich mit einem Buch zu befassen, das er vor 25 Jahren schrieb ... Er entdeckt dabei – sozusagen – Aspekte seiner »Wirklichkeit«, die ihm längst entfallen waren.

Wichtiger aber scheint mir, dass damals längst bekannte Krisensituationen – nicht nur persönlicher, sondern auch gesellschaftlicher und sogar internationaler Natur – weiterhin bestehen und sich sogar verschlimmert haben.

Ein diesbezügliches Beispiel ist die Situation im Nahen Osten – eine Situation, die freilich schon vor Jahrtausenden bekannt war. Es handelt sich dabei nicht nur um Kämpfe um Besitz und Reichtum, sondern vor allem um die »Pflicht«, die Welt so zu gestalten, wie es der betreffende Gott fordert.

Der endlose Konflikt zwischen Israel und Palästina ist ein schreckliches Beispiel eines »Nullsummen-Spiels«, bei dem es um den endgültigen Sieg über den Gegner geht. Jeder Versuch der Herstellung dieses Idealzustandes führt zu einer Gegenmaßnahme, die den Konflikt nicht nur nicht löst, sondern entsetzlich verschärft.

Palo Alto, im Frühjahr 2002

Vorwort

Similia similibus curantur

Die These dieses Buches ist einfach, ihre praktische Anwendung ist es
nicht.

In Molières Komödie «*Le Bourgeois Gentilhomme*» will Monsieur Jourdain seiner Angebeteten ein *billet doux* schreiben und erbittet dafür die
Hilfe seines Hauslehrers. Dieser möchte vor allem wissen, ob es in Versen
oder in Prosa abgefaßt werden soll. Monsieur Jourdain lehnt zuerst beides
ab; dahingehend aufgeklärt, daß es keine dritte Möglichkeit gibt, kann er
sich vor Staunen darüber kaum fassen, daß er, ohne es zu wissen, schon
vierzig Jahre lang Prosa gesprochen haben soll.

Es soll gezeigt werden, daß es sich mit der Sprache der psychotherapeutischen Kommunikation ähnlich verhält. Nicht nur waren wesentliche
Eigenschaften dieser Sprache schon den antiken Rhetorikern bekannt, sondern viele andere ihrer Eigenarten sind seit langer Zeit Gegenstand ein-
gehender Untersuchungen in verschiedensten Bereichen menschlichen
Lebens und Erlebens – in Kindheit, Dichtung, Witz, Traum, Ekstase, Rausch
und Wahn. Was dabei aus Räumen ans Licht kommt, die ihrer Fremdheit wegen der Tiefe, der Nacht oder der Umnachtung zugeschrieben werden, wird im therapeutischen Gespräch dann möglichst rasch in die für
therapeutisch gehaltene Sprache der Vernunft und des Bewußtseins übersetzt. Die bei näherer Überlegung selbstverständliche Folgerung, daß
gerade diese dunkle und oft bizarre Sprache den natürlichen Schlüssel zu
jenem Bereich darstellt, in dem allein therapeutischer Wandel stattfinden
kann, wird bis heute selten gezogen. Und wie Monsieur Jourdain sind
wir überrascht, wenn wir schließlich entdecken, daß wir von dieser Sprache
immer schon wußten – wenn auch ohne zu wissen, daß wir es wußten.
Soweit die These.

Die praktische, klinische Verwendung dieser Sprache ist schwierig und
sie ist das Anliegen dieses Buches. Es möchte eine einführende Grammatik
sein, ein Sprachkurs, der es dem Leser gestattet, das Wesen dieser Sprache
zu erfassen, und sie dann zum Wohle seiner an ihrem Bild der Welt leidenden Patienten anzuwenden. Dies ist allerdings leichter gesagt als getan,
und in diesem Sinne kann das Buch nur ein Leitfaden und keine Ge-
brauchsanweisung sein. Das bloße Lesen einer Grammatik führt bekanntlich noch nicht zum Beherrschen einer Sprache.

7

Der Leser, der mein Buch *Wie wirklich ist die Wirklichkeit?* [109] kennt, wird feststellen können, daß die dort in allgemeinverständlicher, oft anekdotischer und absichtlich unterhaltender Form gebrachten Überlegungen zur Wirklichkeitserfassung hier nun vom Gesichtspunkt der Sprache und der Technik der Psychotherapie angegangen werden, und die beiden Bücher sich in diesem Sinne ergänzen. Die vorliegende Arbeit basiert ferner auf dem in *Lösungen* [108] ausführlich beschriebenen und auf zwischenmenschlicher Kommunikation beruhenden psychotherapeutischen Ansatz.

Teile des hier vorgelegten Materials trug ich im Rahmen der 26. Lindauer Psychotherapiewochen 1976 vor. Zu zahlreich sind die Autoren und Kollegen, deren Arbeiten zur Abfassung dieses Buches beigetragen haben, um sie hier einzeln erwähnen zu können. Ich habe versucht, meiner Verpflichtung ihnen gegenüber dadurch nachzukommen, daß ich die von mir verwendeten Quellen jeweils genau nachweise. Selbstverständlich bin ausschließlich ich für die Form meiner Darlegungen und Schlußfolgerungen, sowie für alle Fehler verantwortlich.

Palo Alto, Frühjahr 1977

8

Überblick

Man kann Kinder von Warzen befreien, indem man sie ihnen «abkauft». Praktisch geschieht das so, daß man dem Kind für seine Warze ein Geldstück gibt und damit Eigentumsrecht auf die Warze anmeldet. Meist fragt das Kind, belustigt oder verwundert, wie es denn nun die Warze abtreten soll, und man antwortet darauf leichthin, es möge sich keine Sorgen machen, sie werde schon von selbst und bald zu einem kommen.

Obwohl die Wirksamkeit aller möglicher magisch-abergläubischer Warzenbehandlungen seit Urzeiten bekannt ist, besteht dafür – und vor allem für das eben erwähnte Beispiel – keine wissenschaftliche Erklärung. Man halte sich vor Augen: Auf Grund einer völlig absurden, symbolischen Interaktion ergibt sich ein ganz konkretes Resultat. Es verengen sich die in diese viral verursachte Wucherung führenden Blutgefässe und das Gewebe verödet schließlich infolge Sauerstoffmangels. Das heißt, die Verwendung einer ganz bestimmten zwischenpersönlichen Kommunikation führt hier nicht etwa nur zu einem Wandel der Stimmung, der Ansichten oder der Gefühle des Kommunikationspartners, wie sich dies im Alltagsleben tausendfach beobachten und herbeiführen läßt, sondern zu einer körperlichen Veränderung, die «normalerweise» nicht absichtlich erzeugt werden kann.

Umgekehrt ist es nur zu gut bekannt, daß wir uns durch Seelisches körperlich krank machen, uns sozusagen in Krankheit hineinhypnotisieren können, ohne – wie Monsieur Jourdain – zu wissen, daß wir diese pathogene «Prosa» schon immer in der Kommunikation mit uns selbst beherrschen und sprechen. Damit ist aber auch bereits gesagt, daß – getreu dem Grundsatz *similia similibus curantur* – es möglich sein muß, diese selbe Sprache auch in den Dienst der Gesundung zu stellen.

Oder um dieselbe Überlegung etwas anders auszudrücken: Es gibt unzählige Beispiele dafür, welch einschneidende, lebensgefährdende oder lebenrettende Wirkung von Emotionen, Vorstellungen, Erwartungen und besonders von Beeinflussungen durch andere Menschen ausgehen können. Wir brauchen nicht erst so exotische Ausnahmefälle wie die konkreten Folgen dramatischer Verfluchungen, das Phänomen des Wodu-Todes oder die oft unglaublichen Erfolge der Wunderheiler heranzuziehen, um zu begreifen, daß es eine «Sprache» geben muß, die diese Wirkungen hat.

Und es ist dann sinnvoll, anzunehmen, daß diese Sprache wenigstens in gewissem Maße erforschbar und erlernbar ist [1].

Ihre Erlernung und Verwendung wird damit zum selbstverständlichen und dringenden Anliegen einer Therapie, die Wert auf konkretes, fast handwerkliches Können legt und den esoterischen Wallungen so mancher moderner Schulmeinungen skeptisch gegenübersteht. Ich möchte sogar so weit gehen, zu behaupten, daß es bei Anwendung dieser Sprache recht nebensächlich wird, welcher therapeutischen Doktrin der Therapeut sich verschrieben hat, und daß ferner wahrscheinlich die meisten jener erstaunlichen, unerwarteten Behandlungserfolge, für die die jeweiligen Theorien keine hinlänglichen Erklärungen bieten, und die daher sozusagen eigentlich nicht eintreten «dürften», auf die unbeabsichtigte und zufällige Verwendung derartiger Kommunikationsformen zurückzuführen sind.

Daß Kommunikation eine *conditio sine qua non* menschlicher Existenz darstellt, ist seit längster Zeit bekannt. So berichtet zum Beispiel der Chronist Friedrichs II., der Pater Salimbene von Parma, über ein vom Kaiser persönlich angeordnetes Experiment zur Beantwortung der Frage, welches die natürliche Ursprache des Menschen sei. Zu diesem Zweck ließ er mehrere Neugeborene von Ammen aufziehen, die strikte Anweisung hatten, sich der Kinder in jeder Weise anzunehmen, sich ihnen gegenüber und in ihrer Gegenwart aber des Gebrauchs der Sprache völlig zu enthalten. Durch die Herstellung dieses linguistischen Vakuums hoffte Friedrich, feststellen zu können, ob die Kinder spontan griechisch, lateinisch oder hebräisch zu sprechen beginnen würden. Bedauerlicherweise blieb das Experiment unschlüssig; es war, in den Worten Salimbenes, «vergebliche Mühe, denn die Kleinen starben alle» [87]. Sieben Jahrhunderte später erbrachte bekanntlich René Spitz mit seinen Studien über Marasmus und Hospitalismus [99] die moderne Erklärung für das katastrophale Ergebnis des kaiserlichen Exkurses in die Psycholinguistik [2].

---

[1] Zur Vermeidung von Mißverständnissen sei betont, daß damit nicht die intraorganismischen (hormonalen, neurologischen, metabolischen) Kommunikationen gemeint sind – obwohl auch ihr Studium von höchstem wissenschaftlichem Interesse ist –, sondern die Frage, wie diese Prozesse durch Kommunikation *von außen* ausgelöst, gesteuert und verstärkt werden können.

[2] Im Lichte dieser Tatsachen ist für uns heute die Geschichte des mysteriösen Kaspar Hausers völlig unglaubwürdig, der im Mai 1828 in Nürnberg auftauchte und über sein Vorleben nur aussagen zu können behauptete, er sei, so lange er sich erinnern konnte, völlig allein in einem finsteren Gelaß gehalten worden. (Er starb 1833 an Stichwunden, die ihm angeblich unbekannte Täter zugefügt hatten, und nahm das Geheimnis seiner Herkunft mit ins Grab.)

Wo Kommunikation besteht, kommt es zur Ausbildung von Sprache – und gegebenenfalls mit geradezu elementarer Gewalt, wie ein ungewöhnliches, von Jes-

Daß Sprache aber Stimmungen, Ansichten, Verhalten und besonders Entscheidungen weitgehend beeinflussen kann, war allerdings schon eineinhalb Jahrtausende vor Friedrich II. bekannt. Man denke nur an die hohen Ehren, in denen die Rhetorik und die ihr verwandte Sophistik schon bei den Vorsokratikern stand. Von besonderem Interesse ist dabei, daß die Rhetorik im Sinne eines geschlossenen Lehrsystems[3] insofern eine bemerkenswerte Vorläuferin der modernen Kommunikationsforschung war, als sie sich nicht auf ein bestimmtes Thema oder einen Inhalt oder eine Lehre bezog, sondern eine Disziplin *für sich* darstellte – ganz ähnlich wie das Studium der Pragmatik der Kommunikation [107] sich ja auch nicht inhaltlich-deutend mit dem Sinn eines Informationsaustausches befaßt, sondern mit dem Phänomen der Kommunikation *an sich*[4]. Eben aber diese scheinbare Inhaltslosigkeit wurde – damals wie gelegentlich auch heute – als störend empfunden; die Unmöglichkeit, die Rhetorik einer bestimm-

---

persen zitiertes Beispiel beweist. Es handelte sich dabei um ein zu Beginn des vergangenen Jahrhunderts in Nordisland geborenes Mädchen, das schon in frühen Jahren mit ihrem Zwillingsbruder in einer Sprache redete, die den anderen Familienmitgliedern völlig unverständlich war:
Ihre Eltern waren darüber beunruhigt [...], versuchten, ihr Isländisch beizubringen, kamen aber bald (offensichtlich zu bald!) zur Überzeugung, daß sie es nicht erlernen konnte, und waren dann töricht genug, *ihre* Sprache zu erlernen, wie dies auch ihre Brüder und Schwestern und einige ihrer Freunde taten. Um ihre Firmung zu ermöglichen, übersetzte ihr älterer Bruder den Katechismus für sie und fungierte als Dolmetscher zwischen ihr und dem Pfarrer. Sie wurde als intelligent beschrieben – sie verfaßte sogar Gedichte in ihrer eigenen Sprache –, war aber scheu und mißtrauisch [59].
[3] Man vergleiche hierzu KOPPERSCHMIDTS grundsätzliche Unterscheidung der verschiedenen Bedeutungen dieses Begriffes, deren zweite hier gemeint ist, während sich die dritte offensichtlich auf die Fähigkeit bezieht, zu der dieses Buch beitragen möchte:
– «Rhetorik» im Sinne von *Redetheorie* bzw. *Redelehre* (z. B. «Die Moderne Rhetorik befindet sich noch im Stadium der Grundlagenforschung»). In dieser Bedeutung meint «Rhetorik» die Beschäftigung (in Forschung und Lehre) mit der rhetorischen Sprachleistung, mit deren Struktur, Funktion, System, Erscheinungsformen, Anwendungsmöglichkeiten, Geschichte usw.
– «Rhetorik» im Sinne von allgemeiner *Redekunst* (z. B. «Die Macht der Rhetorik ist oft mißbraucht worden»). In dieser Bedeutung meint «Rhetorik» das System von Regeln und Techniken, deren Anwendung eine optimale Überzeugungsleistung gewährleistet.
– «Rhetorik» im Sinne von individueller *Redefähigkeit* (z. B. «Er hat eine hervorragende Rhetorik»). In dieser Bedeutung meint «Rhetorik» das – bewußte oder unbewußte – Beherrschen der genannten Regeln und Techniken in den verschiedenen Formen konkreter Sprachverwendung durch ein sprechendes Individuum [65, S. 13].
[4] Laut GOMPERZ waren die Sophisten «Lehrer der Beredtsamkeit, sie waren Rhetoren, und sie mußten der Fähigkeit des geschickten Sprechens, der rhetorischen Bildung, notwendig einen hervorragenden Platz unter den menschlichen Fertigkeiten zuerkennen» [45].

ten, übergeordneten Disziplin zuzuordnen, und die Behauptungen ihrer Vertreter, daß der der Redekunst Mächtige sich mit jedem Sachverständigen in einen Wettkampf einlassen und siegreich daraus hervorgehen könne, mußten sie vollends suspekt machen. Dies dürfte einer der Hauptgründe sein, weshalb zum Beispiel Sokrates sich grundsätzlich gegen die Rhetoriker und die Sophisten wendet. Aristoteles tritt dagegen für die Rhetorik ein und betrachtet sie als – wie wir heute sagen würden – eine Form von Kommunikation zwischen einem Mann von Prestige, hohem Stand und Glaubwürdigkeit, und dem Empfänger seiner Äußerungen, dessen Seele dadurch gewandelt wird. Diese ethisch sehr einwandfreie Form der Beeinflussung legt Aristoteles praktisch dann aber doch recht weitherzig aus, so etwa in seiner *Rhetorik an Alexander,* in der sich Stellen von überraschender Kaltschnäuzigkeit und machiavellischem Zynismus finden.

Von allen Denkern jener Epoche dürfte aber Antiphon von Athen (480–411) dem modernen Begriff der therapeutischen Kommunikation am nächsten kommen. Zwar ist sehr wenig über seine Person und sein Leben bekannt; es steht nicht einmal mit Sicherheit fest, ob es sich bei Antiphon, dem Sophisten, und Antiphon, dem Heiler, um eine und dieselbe Person handelte. Es liegen aber Fragmente vor, wonach Antiphon der Erfinder einer «Tröstungskunst» war, und die Ausarbeitung eines geschlossenen Begriffssystems der menschlichen Beeinflussung durch die Sprache für möglich hielt. Er war also insofern der Vorläufer unserer modernen Pragmatik, als sein prinzipielles Anliegen die begriffliche Erfassung und die heilende Anwendung der Regeln sprachlicher Interaktion gewesen zu sein scheint. Zu diesem Zwecke ließ er den Kranken zuerst von seinem Leiden sprechen und half ihm dann mit einer Form von Rhetorik, die sich eben diese Äußerungen des Kranken, ihrer Form wie ihrem Inhalt nach, nutzbar machte und die so in ganz modernem Sinne im Dienste der *Umdeutung* dessen stand, was der Kranke für «wirklich» oder «wahr» hielt – also der Änderung des Weltbilds, an dem er litt. Über ihn berichtet Plutarch:

Während er sich noch mit Poetik befaßte, erfand er eine Kunst der Befreiung von Schmerz, ähnlich wie für jene, die krank sind, eine ärztliche Behandlung besteht. In Korinth wurde ihm ein Haus neben der Agora zugewiesen, auf dem er ein Schild anbrachte, wonach er Kranke durch Worte heilen konnte [79].

In ähnlichem Sinne läßt Platon in seinen Dialogen den Gorgias sich rühmen:

Oft begab ich mich schon mit meinem Bruder und anderen Ärzten zu einem Kranken, der nicht Lust hatte, einen Arzneitrank zu nehmen, oder vom Arzte sich schneiden oder brennen zu lassen und während der Arzt ihn nicht zu überreden vermochte, überredete ich ihn mit Hilfe keiner anderer als der Redekunst [76].

Platon selbst gilt als der Vater der Katharsis, also der Selenläuterung und Überzeugung durch Sprache. Es besteht kein Zweifel, daß schon Platon und die hippokratischen Ärzte dabei hauptsächlich auf die Abreaktion von Gefühlen hinarbeiteten. Dieses Prinzip wurde im 3. vorchristlichen Jahrhundert besonders von den Stoikern übernommen und zum Mittelpunkt der Anschauung erhoben, daß alle Störungen der Seele und die damit verbundenen Verdunkelungen des ewigen Lichts der Vernunft auf die vernunftsfeindliche Wirkung der Gefühle zurückzuführen seien.

Im 1. Jahrhundert n. Chr. leistet Quintilian dann in seiner *Institutio Oratoria* einen wichtigen und wiederum sehr modern anmutenden Beitrag durch die Einführung des Begriffs der *somatischen Rhetorik,* das heißt, der körperlichen Beredtsamkeit. Er spricht darin von den optischen wie akustischen «Stilmitteln» des Redners, deren genaue Kenntnis seine Überzeugungskraft erhöhe, und die in der menschlichen Verhaltenswissenschaft der letzten Jahrzehnte unter verschiedenen Begriffen, wie Kinesik, Körpersprache, paralinguistische Phänomene und, ganz allgemein, im Bereich der averbalen Kommunikation sozusagen wiederentdeckt wurden. Wie für die Rhetoriker im allgemeinen, ist auch für Quintilian die Fähigkeit, den Angesprochenen zu überzeugen, von ausschlaggebender Bedeutung. Um dies zu erreichen, müssen sich zur überzeugenden Körpersprache aber auch die rechten Worte gesellen, nämlich die *pronuntiatio* (das heißt, der Vortrag):

Wenn der Einfluß des Vortrages schon bei Themen, von denen wir wissen, daß sie erfunden und unwirklich sind, so groß sein kann, daß er in uns Zorn, Tränen oder Furcht hervorruft, um wieviel größer muß diese Wirkung dann sein, wenn wir das Gehörte tatsächlich glauben? [83].

Es versteht sich von selbst, daß der Rhetorik neben dem ersten, schon erwähnten Vorwurf ihrer «Leere» noch ein zweiter, viel schwerwiegenderer gemacht wurde; nämlich jener, daß der ihr Kundige sie in den Dienst des Rechts wie des Unrechts, der Wahrheit wie der Unwahrheit stellen könne. Auch darauf bezieht sich Platon im Gorgias:

Doch muß man, lieber Sokrates, sich der Redekunst so bedienen, wie jedes anderen zum Wettkampf bestimmten Mittels. Denn auch von den übrigen Ringkünsten muß man nicht aus dem Grund gegen alle Menschen Gebrauch machen, weil man den Faust- oder den Gesamtkampf oder jenen in voller Rüstung erlernte, so daß man Freunden und Feinden überlegen ist. Man darf seine Freunde nicht deshalb schlagen, stoßen und töten; noch darf man – beim Zeus – die Ringmeister und Lehrmeister des Kampfes in voller Rüstung hassen und sie aus dem Staat verjagen, wegen einem, der am Körper kräftiger, zum Faustkampf herangebildet wurde, indem er die Ringschule besuchte, und der hernach seinen Vater und seine Mutter

13

oder einen anderen seiner Angehörigen und Freunde schlägt. Denn sie lehren das zu rechtmäßiger Anwendung gegen Feinde und Beleidiger, zur Verteidigung, nicht zum Angriff. Jene aber kehren den Spieß um und bedienen sich nicht nach Gebühr ihrer Stärke und Kunst. Nicht die Lehrer sind also verwerflich, noch trägt die Kunst die Schuld und ist deshalb verwerflich, sondern – mein' ich – die, welche dieselbe nicht nach Gebühr anwenden. Dasselbe Verhalten finden wir gewiß auch bei der Redekunst [76].

2500 Jahre haben an dieser Problematik nichts geändert. Das eben gesagte gilt in vollem Umfang auch für die moderne Kommunikationsforschung, für die sich daraus ableitende Technik der Kommunikationstherapie, und daher auch für dieses Buch. *Alles* Heilende kann mißbraucht werden, ebenso, wie umgekehrt ein Gift auch heilen kann. Gerade heutzutage aber wird grundsätzlich fast jede Form von Beeinflussung, vor allem die sogenannte Manipulation, als unethisch angegriffen und verdammt. Dies bezieht sich nicht nur auf den leider jederzeit möglichen Mißbrauch der Manipulation, sondern vor allem auf die Manipulation als solche. Dahinter steht die blind geglaubte Utopie, menschliches Zusammenleben sei entweder völlig ohne gegenseitige Beeinflussung möglich, oder wenigstens im scheinbar so idealen Sinne etwa des absurden «Gestalt-Gebets» von FRITZ PERLS: "You do your thing, and I do my thing ... etc." Aus dieser Annahme leiten sich dann unschwer von Pseudoehrlichkeit nur so triefende Therapieformen ab, deren gemeinsamer Nenner die Behauptung ist, frei von jeder Manipulation zu sein [5]. Die praktischen

---

5 Obwohl diese Einstellung nun auch in Europa Fuß zu fassen scheint, handelt es sich doch um ein primär nordamerikanisches Phänomen, dessen Wurzeln der aus England nach Kalifornien eingewanderte Anglist EVANS wie folgt beschreibt:
Eine auffällige Erscheinungsform dieser Verehrung der Aufrichtigkeit ist der Kult der Informalität in amerikanischer Kleidung und amerikanischer Umgangssprache – z. B. die fast sofortige Verwendung von Vornamen anstelle distanzierterer, unpersönlicherer Anredeformen. Ebenso wie saloppe Kleidung stehen Vornamen für die Ungezwungenheit, Offenheit und Aufrichtigkeit der persönlichen Nähe, während Formalität eine Reserviertheit und damit einen gewissen Grad von Verheimlichung nahelegt. Eine andere, weniger augenfällige Erscheinungsform derselben Haltung ist ein Phänomen, das mich noch lange nach meiner Ankunft [in den USA] immer wieder in Erstaunen setzte, nämlich die Tatsache, daß die in Großbritannien so hoch geschätzten Wortspiele *[puns]* von den Amerikanern meist mit geradezu qualvollen Seufzern des Widerwillens quittiert werden. Der Grund dafür, so vermutete ich schließlich, ist der, daß jede Form eines *double entendre* uns daran erinnert, daß Worte genau wie Menschen einen geheimen Sinn in sich tragen können, daß gerade die Sprache, in der wir untereinander kommunizieren, nicht immer vollkommen «aufrichtig» ist.
Und weiter unten spekuliert EVANS, daß für eine so in Illusionen verfangene Gesellschaft wie die amerikanische, die aber gleichzeitig darauf pocht, realistisch zu sein, all das bedrohlich erscheinen muß, was auch nur im entferntesten im Verdacht bewußter Vortäuschung steht [29].

14

Folgen dieser Utopie wurden bereits an anderen Orten [108, S. 69–83; 109, S. 33–36] ausführlich behandelt. Da diese Tatsachen anscheinend nicht oft genug wiederholt werden können, sei auch hier betont: Man kann nicht *nicht* beeinflussen. Daher ist die Frage, wie Beeinflussung und Manipulation zu vermeiden wären, absurd; übrig bleibt nur die uns somit nie erlassene Entscheidung darüber, wie dieses Grundgesetz menschlicher Kommunikation verantwortlich und in der humansten, ethischsten und wirkungsvollsten Weise anzuwenden ist.

Wer von diesen Tatsachen abgestoßen wird und ihnen feindselig oder enttäuscht gegenübersteht, möge sich den Namen eines Buchs von HEINZ BURGER vor Augen halten, der nicht nur Titel, sondern auch Aphorismus ist: *Dasein heißt, eine Rolle spielen* [16]. Und selbst ein die moderne «Bewußtseins-Industrie» (mit welcher ausgezeichneten Benennung das feinmaschige Netz vielfältigster Beeinflussung und Steuerung der Meinung der Staatsbürger durch die Massenmedien, die Politiker, die Wissenschaft, Werbung, usw. gemeint ist) so kompromißlos ablehnender Denker wie ENZENSBERGER betont, daß es mit der bloßen Ablehnung nicht getan ist; es bleibt vielmehr «zwischen Unbestechlichkeit und Defaitismus zu unterscheiden. Es handelt sich nicht darum, die Bewußtseins-Industrie ohnmächtig zu verwerfen, sondern darum, *sich auf ihr gefährliches Spiel einzulassen. Dazu gehören neue Kenntnisse ...*» [22, kursiv von mir].

Noch eine zweite Utopie muß zur Positionsbestimmung dieses Buchs erwähnt werden: Von den antiken Rhetorikern bis in unsere Tage herein zieht sich die Überzeugung, daß die Vernunft die höchste menschliche Eigenschaft ist und daß der Mensch mit ihrer Hilfe zur Erfassung der ewigen Wahrheit vordringen kann. Es wird noch darauf zurückzukommen sein, wie sehr diese Utopie sich auch in der modernen Psychiatrie erhalten hat und Theorie und Technik der Therapie bestimmt. Wie an anderem Orte [109] ausgeführt, besteht hier die Meinung, die Wirklichkeit lasse sich objektiv erfassen und der Grad der Wirklichkeitsanpassung eines Menschen sei daher gleichzeitig auch der Gradmesser seiner Normalität.

Es soll gezeigt werden, daß diese Ansicht unhaltbar ist, und daß wir immer nur von *Bildern* der Wirklichkeit und nicht *der* Wirklichkeit sprechen können.

Unsere zwei Sprachen

Les mots et leur syntaxe, leur signification, leur forme externe et interne ne sont pas des indices indifférents de la réalité, mais possèdent leur propre poids et leur propre valeur.
Roman Jakobson

Überblicken wir das bisher Gesagte, so sehen wir, daß es inhaltlich so einigermaßen dem entspricht, was man sich von einem Fachbuch erwartet: eine Einführung, einen Überblick, die obligaten historischen Quellennachweise, einige persönliche Stellungnahmen des Autors, und dergleichen. In bezug darauf, wie diese Seiten mit dem Leser in Kommunikation zu treten versuchen, also vom Standpunkt der sprachlichen Darstellung her, paßt sich das Buch ebenfalls an die Norm an: seine Sprache ist erklärend, sie vermittelt Information (über deren objektiven Wert man natürlich verschiedener Meinung sein kann), und sie ist zerebral, intellektuell und, von den persönlichen Meinungen abgesehen, objektiv.

Nehmen wir nun aber an, das Buch hätte mit den letzten drei Zeilen von Hölderlins Gedicht «Hälfte des Lebens» begonnen:

Die Mauern stehn
sprachlos und kalt, im Winde
klirren die Fahnen.

oder mit dem Beginn von Leopardis Gedicht «Der Abend nach dem Fest» (La sera del dì di festa):

Die Nacht ist mild und klar, es weht kein Wind,
und auf den Dächern und im Grün der Gärten
ruht still der Mond, und in der Ferne zeigen
sich unverhüllt die Berge. Oh, Geliebte!

Ganz offensichtlich handelt es sich bei beiden Zitaten um eine grundsätzlich andere Sprache, die im Leser andere Bereiche anspricht. Die wenigen Worte Hölderlins, ihr Rhythmus und ihre Eindrücklichkeit (z. B. die Eiseskälte des «Klirrens» der Fahnen); der tiefe Friede und gleichzeitig die Sehnsucht, die aus den Zeilen Leopardis sprechen, übermitteln nicht Information, sondern evozieren, unabhängig von Zeit und Raum, die Seelenlandschaft des Dichters, und mit ihr auch die des Lesers.

Und gleich noch ein weiteres Beispiel, auch dies von einem souveränen Beherrscher der Sprache, nämlich KAFKAS Erzählung, *Eine kaiserliche Botschaft*. Darin sendet der Kaiser von seinem Sterbebett gerade Dir, dem Einzelnen, dem jämmerlichen Untertanen, eine Botschaft. Und schon hat sich der Bote auf den Weg gemacht:

... ein kräftiger, ein unermüdlicher Mann; einmal diesen, einmal den andern Arm vorstreckend, schafft er sich Bahn durch die Menge; findet er Widerstand, zeigt er auf die Brust, wo das Zeichen der Sonne ist; er kommt auch leicht vorwärts, wie kein anderer. Aber die Menge ist so groß; ihre Wohnstätten nehmen kein Ende. Öffnete sich freies Feld, wie würde er fliegen und bald wohl hörtest du das herrliche Schlagen seiner Fäuste an deiner Tür. Aber statt dessen, wie nutzlos müht er sich ab; immer noch zwängt er sich durch die Gemächer des innersten Palastes; niemals wird er sie überwinden; und gelänge ihm dies, nichts wäre gewonnen; die Treppen hinab müßte er sich kämpfen; und gelänge ihm dies, nichts wäre gewonnen; die Höfe wären zu durchmessen; und nach den Höfen der zweite umschließende Palast; und wieder Treppen und Höfe; und wieder ein Palast; usw. durch Jahrtausende; und stürzte er endlich aus dem äußersten Tor – aber niemals, niemals kann es geschehen –, liegt erst die Residenzstadt vor ihm, die Mitte der Welt, hochgeschüttet voll ihres Bodensatzes. Niemand dringt hier durch und gar mit der Botschaft eines Toten. – Du aber sitzt an deinem Fenster und erträumst sie dir, wenn der Abend kommt.

Erklären zu wollen, wie und warum einen diese Worte ansprechen, wie es dazu kommt, daß man auf einmal selbst der am Fenster Sitzende ist, wie die alptraumartige Weite des kaiserlichen Palastes, aber auch die Stille des Abends plötzlich zu einer inneren Wirklichkeit wird, wäre ein nutzloser Versuch, von dieser Sprache in eine andere zu übersetzen, die bestenfalls sezieren, aber nicht evozieren kann [1].

Wir haben es also mit zweierlei Sprachen zu tun. Die eine, in der zum Beispiel dieser Satz selbst abgefaßt ist, ist objektiv, definierend, zerebral, logisch, analytisch; es ist die Sprache der Vernunft, der Wissenschaft, Deutung und Erklärung, und daher die Sprache der meisten Therapien. Die andere, derer sich die drei obigen Beispiele bedienen, ist viel schwieriger zu definieren, eben weil sie nicht die Sprache der Definition ist. Man könnte sie die Sprache des Bildes, der Metapher, des *pars pro toto,* vielleicht des Symbols, jedenfalls aber der Ganzheit (und nicht der analytischen Zerlegung) nennen.

Bekanntlich macht die Psychologie des Denkens eine ähnliche Unterscheidung zwischen dem sogenannten gerichteten und ungerichteten Denken. Ersteres folgt den Gesetzen der Logik der Sprache, also ihrer Grammatik, Syntax und Semantik. Das ungerichtete Denken dagegen liegt

---

[1] Jaspers sieht darin allerdings das vollends Sprachlose:
Ohne Sprache ist etwas im Sein der Natur, etwas in mir selbst als Natur, beides als das Geschehen, welches zeitfremd, nur so seiend, der Sprache unfähig, mich unbegriffen und selber nicht begreifend bestimmt. Anders als der dumpfe Geist, der zur Helle drängt und in der Sprache zu sich kommt, bleibt hier ein Sprachloses vor aller Sprache unüberwindbar bestehen. Es kommt darauf an, diesen Stoß zu erfahren, vor diesem Sein durch echtes Verstummen es gerade hell und entschieden zu erfahren. Das Sprechen wird zum Abfall, weil es den Stoß des furchtbar schweigenden Seins verschleiert [57, S. 416].

Träumen, Phantasien, dem Erleben der Innenwelt und dergleichen zugrunde. Es ist ungerichtet nur im Vergleich zum gerichteten Denken, denn es hat seine eigenen, «unlogischen» Regeln und Gesetzmäßigkeiten, die sich unter anderem in Witz, Wortspiel, Kalauer, Innuendo und Verdichtung ausdrücken.

Auch in der Linguistik und der Kommunikationsforschung besteht eine fast identische Zweiteilung; nämlich die in digitale und analoge Modalitäten. Zum Ausdruck eines bestimmten Sinnes, einer Bedeutung, besteht entweder die Möglichkeit der Darstellung durch eine Bezeichnung, die mit dem Bezeichneten eine rein willkürliche (aber von allen Zeichenbenützern notwendigerweise anerkannte) Beziehung hat. Ein einfaches Beispiel ist ein beliebiges Wort auf dieser Buchseite: zwischen ihm und seiner Bedeutung besteht kein unmittelbar naheliegender und direkt verständlicher Zusammenhang, sondern nur die stillschweigende Übereinkunft, daß diese Folge von abstrakten Zeichen (bzw. im Falle des gesprochenen Wortes, von Lauten) im Deutschen eben diese Bedeutung hat. Für diese Form der Darstellung wird der aus der Mathematik übernommene Fachausdruck *digital* verwendet. Die andere Möglichkeit besteht in der Verwendung von Zeichen, die zu dem von ihnen Bezeichneten eine unmittelbare Sinnbeziehung haben, indem sie eine Analogie, also eine gewisse Bildhaftigkeit, darstellen. Beispiele sind die Landkarte in ihrer Beziehung zum dargestellten Land (die aufgedruckten Bezeichnungen natürlich ausgenommen), Bilder und bildhafte Zeichen aller Art (obwohl, wie z. B. im Falle der chinesischen Schrift, rein bildhafte Zeichen durch langsame Stereotypisierung digitalisiert werden können), echte Symbole (also nicht nur allegorische Darstellungen), wie sie sich z. B. in Träumen spontan ergeben, onomatopoetische Wörter (wie *krachen, plätschern, prasseln* und zahllose andere), *pars-pro-toto*-Darstellungen (in denen gewisse Einzelheiten sozusagen für die Ganzheit stehen), und so weiter.

Die Tatsache des Bestehens dieser beiden «Sprachen» legt die Vermutung nahe, daß ihnen zwei grundsätzlich verschiedene *Weltbilder* entsprechen müssen, denn bekanntlich spiegelt eine Sprache ja nicht so sehr *die* Wirklichkeit wider, als sie *eine* Wirklichkeit erschafft[2]. Und so sehen

---

[2] Dies ist leicht gesagt, aber schwer akzeptiert. Es war jahrtausendelang die Überzeugung der Philosophen, schreibt Schneider,
es ist der selbstverständliche Denkansatz aller Kinder und es scheint den meisten Erwachsenen unauslöschlich eingeprägt zu sein, daß die Wörter die Wirklichkeit exakt abbildeten, Sätze einen Sinn haben müßten und die Welt um uns so beschaffen sei, wie sie in unserer Muttersprache *heißt*. Man kennt die Empörung des Südtirolers über die Italiener, weil sie zum Pferd «cavallo» sagen: «Wir sagen 'Pferd' und es *ist* auch ein Pferd» [89, S. 193–4].

wir, wie durch die Jahrtausende der Geistesgeschichte, durch Philosophie, Psychologie, bildende Kunst, Religion, und selbst die angeblich objektiven Naturwissenschaften sich diese Zweiteilung zieht – viel öfters als ein Schisma, denn als harmonische Abgestimmtheit. Man denke z.B. an C. G. JUNGS Typenlehre'[60], in der sich die Gegensatzpaare Denken-Fühlen, bzw. Wahrnehmung-Intuition, diametral gegenüberstehen. In ihr drücken sich zwei Formen der Wirklichkeitserfassung aus, nämlich ein logisch-methodisches, schrittweise sich aufbauendes Vorgehen, das u. U. den Wald vor den Bäumen nicht sieht, und andererseits ein global-holistisches Erfassen von Ganzheiten, von Gestalten, das den Einzelheiten recht hilflos gegenübersteht – also die Bäume vor lauter Wald nicht sieht. Es scheint dem Genie vorbehalten, diese zwei antagonistischen Erfassungsweisen integrieren zu können: «Das Resultat hatte ich schon», soll GAUSS einmal bemerkt haben, «jetzt mußte ich nur noch die Wege entdecken, auf denen ich zu ihm gelangt war.» In diese Äußerung sind zwei wichtige Tatsachen hineinverkapselt: erstens die für uns mathematische Laien fast unglaubliche Tatsache, daß genialen Mathematikern das Resultat kompliziertester Probleme nicht selten von vornherein «irgendwie» umittelbar klar ist, und das Problem dann im methodischen Nachweis der Richtigkeit des a priori erfaßten Resultats liegt[3], und zweitens, daß – wie man sich leicht vorstellen kann – sich ein Schisma zwischen analytischen und intuitiven Strömungen durch die Philosophie und Epistemologie der Mathematik zieht. Ein nicht weniger tiefer Graben trennt in den Hochreligionen die Orthodoxie von der Mystik: Auf der einen Seite steht hier der Glaube, das Wort Gottes sei dem Einzelnen nur über das Mittlertum der Priester und der heiligen Bücher zugänglich; auf der anderen Seite die kompromißlose Haltung der *enfants terribles* der Orthodoxie, der Mystiker, die sich über Liturgie und ein für allemal verpflichtend festgelegte Offenbarung hinwegsetzen, um Gott «von Angesicht zu Angesicht» zu schauen.

All dies ist seit langer Zeit wenigstens empirisch bekannt. In den letzten Jahrzehnten erhielten diese Erfahrungstatsachen jedoch eine unerwartete wissenschaftliche Untermauerung durch die Ergebnisse der modernen

---

[3] Ein interessantes Beispiel aus der Technik ist die im Jahre 1933 im Kanton Bern dem Verkehr übergebene Schwandbachbrücke. Ähnlich wie bei der Europa-Brücke bei Innsbruck bildet ihre Fahrbahn eine horizontale Kurve, was die statischen Berechnungen (ein Vierteljahrhundert vor Anbruch des Computer-Zeitalters) überaus komplizierte. Der technische Entwurf stammt von ROBERT MAILLART und es spricht für seine Genialität, daß diese Berechnungen erst *nach* Erbauung der Brücke abgeschlossen und für richtig befunden wurden.

Hirnforschung. Wir haben es hier mit einem jener seltenen Fälle zu tun, in denen uns die exakte Wissenschaft nicht nur das objektive Verständnis *vereinzelter* psychologischer Funktionen (wie etwa Wahrnehmung, Gedächtnis, usw.) vermittelt, sondern auch jener eben beschriebenen, sich durch fast alle Bereiche menschlichen Erlebens und Handelns ziehenden Komplementärphänomene. Ich glaube, daß wir damit zum ersten Mal einen Schlüssel zum objektiven Verständnis jener funktionellen seelischen Mechanismen und Störungen (wie Verdrängung, Depersonalisation, Wahnbildung, usw.) haben, für die uns bisher nur recht nebelhafte, spekulative Hypothesen zur Verfügung standen. Umgekehrt fällt damit auch neues Licht auf jene Phänomene, die von Wissenschaftern als plötzliche, bildhafte Erleuchtung erlebt werden, nachdem sie sich lange Zeit vergeblich mit einem Problem intellektuell herumgeschlagen haben. Man denke nur an Kekulés Erfassung des Benzolrings in einem Traume, oder die vielen anderen Beispiele, die KOESTLER in seinem *Göttlichen Funken* [64] zusammengetragen hat, und die auch KUHN [66] als wesentliches Element wissenschaftlicher Entdeckung beschreibt.

Unsere zwei Gehirne

Über Zwillinge, besonders über eineiige, besteht häufig ein Familien-
mythus: der eine ist der gescheite, der andere der künstlerische.
Kein Mythus dagegen ist, daß wir alle ein solches Zwillingspaar im
Kopf herumtragen; nämlich unsere beiden Großhirnhälften (Hemisphären), die keineswegs eine scheinbar unnötige Verdoppelung darstellen,
sondern – wie wir nun wissen – im eigentlichsten Sinne zwei Gehirne mit
verschiedenen Funktionen sind.

Etwas konkreter als Goethe das meinte, stellte 1844 der englische Arzt
und Anatom WIGAN fest, daß zwei «Seelen» zwar nicht in unserer Brust,
aber in unserem Kopfe wohnen:

> Ich glaube, beweisen zu können, daß erstens, jedes Zerebrum [Hirnhälfte] für sich
> ein ganzheitliches Denkorgan darstellt, und zweitens, daß separate und verschieden-
> artige Denkprozesse und Überlegungen gleichzeitig in den beiden Hirnhälften statt-
> finden können [113, S. 26].

WIGAN stützte sich auf Obduktionsbefunde, deren einen er wie folgt
beschreibt:

> Eine Hemisphäre war vollkommen verschwunden – das war meinen Sinnen offen-
> kundig; der Patient, ein Mann von etwa 50 Jahren, hatte aber noch wenige Tage
> vor seinem Tode vernünftig konversiert und sogar Verse gedichtet [113, S. 40].

Und an anderer Stelle schreibt WIGAN:

> Dr. Conolly erwähnt den Fall eines Mannes, dessen Krankheit so schwer war,
> daß sie durch die Augenhöhle ins Großhirn vorgedrungen war und sein Leben lang-
> sam zerstört hatte [...]. Die Beschau erwies, daß eine Hirnhälfte völlig zerstört –
> verschwunden, vernichtet – war, und an ihrer Stelle (in der empathischen Sprache
> des Berichterstatters) «eine Leere gähnte». Bis wenige Stunden vor seinem Tode
> war er aber durchaus bei Sinnen und sein Geist klar und ungestört gewesen [113,
> S. 41].

WIGAN ist damit einer der Vorläufer der modernsten Hirnforschung.
Ihm standen für seine Untersuchungen nur die klinischen Bilder schwer-
ster Hirnschäden zur Verfügung, den heutigen Forschern zusätzlich aber
auch die psychologischen und verhaltensmäßigen Auswirkungen der Kommissurotomie. Darunter versteht man die hirnchirurgische Durchtrennung
der breitesten Verbindungszone der beiden Großhirnhälften, des sogenannten Balkens oder *corpus callosum* [1]. Und wie schon WIGAN feststellte,

---

[1] Der Zweck dieses Eingriffs besteht meist darin, das Übergreifen epileptischer

scheint merkwürdigerweise auch das Verhalten dieser Patienten bei oberflächlicher Beobachtung trotz der Schwere des Eingriffs praktisch unbeein-
trächtigt. Erst genauere Untersuchungen enthüllen psychische Veränderun-
gen, die unmittelbare Bedeutung für meine Ausführungen haben und
daher im folgenden kurz zusammengefaßt werden sollen.

Das Studium der Ausfallserscheinungen bei Kommissurotomiepatienten
erlaubt folgende Rückschlüsse auf die individuellen Funktionen der beiden
Hemisphären:

Im typischen Rechtshänder dominiert die *linke Hemisphäre* und ist für
die Übersetzung der wahrgenommenen Umwelt in logische, semantische
und phonetische Repräsentationen und für die Kommunikation mit der
Wirklichkeit auf der Grundlage dieser logisch-analytischen Aufschlüsse-
lung der Welt spezialisiert. Zu ihren Funktionen gehört daher alles mit
Sprache (also Grammatik, Syntax, Semantik) und mit Denken auf dieser
Basis Zusammenhängende – daher auch Lesen, Schreiben, Zählen, Rechnen und ganz allgemein die digitale Kommunikation. In der Literatur wird
sie daher oft auch als die *verbale* Hemisphäre bezeichnet. Im Rorschach-
versuch dürfte sie die Detail- und die Kleindetaildeutungen beisteuern.
In psychoanalytischer Sicht deckt sich ihre Funktion weitgehend mit der
Definition der Sekundärprozesse. Sie bewirkt die bewußten Innervationen
und bedingt daher die normale, das heißt spontane Rechtshändigkeit,
durch die die linke Hand buchstäblich zu Handlangerdiensten degradiert
wird. Wie schon erwähnt, neigt die linke Hemisphäre auf Grund dieser
Spezialisierung dazu, den Wald vor Bäumen nicht zu sehen. Läsionen
in ihrem Bereich führen zu Ausfallserscheinungen von Sprache, Schrift,
Zählen, Rechnen und Schließen. Dabei können sich die merkwürdigsten
Komplikationen ergeben: ein Patient mit totaler linker Hemisphärekto-
mie (chirurgischer Entfernung der Hirnhälfte) konnte zum Beispiel den
Text eines Liedes *singen*, nicht aber die einzelnen Worte für sich, also
außerhalb des Zusammenhanges (der Gestalt) des Liedes verwenden [97,
116].

Die Funktionen der *rechten Hemisphäre* (wiederum beim typischen
Rechtshänder) sind dagegen folgende: Sie ist hochentwickelt für die ganz-
heitliche Erfassung komplexer Zusammenhänge, Muster, Konfigurationen
und Strukturen. Dabei hat es den Anschein, daß diese Erfassung dem
Wesen der Holographie [2] verwandt sein muß, denn erstens meistert die

---

Störungen von der einen auf die andere Gehirnhälfte in jenen Fällen zu verhindern,
die auf die übliche, medikamentöse Epilepsiebehandlung schlecht oder überhaupt
nicht ansprechen.
[2] Ein Verfahren zur Abbildung von Objekten mit Hilfe gebündelten (kohärenten)

rechte Hemisphäre die Wahrnehmung einer Gestalt unter den verschiedensten Gesichtspunkten und perspektivischen Verzerrungen (eine Fähigkeit, deren Simulation durch den Computer den Wahrnehmungsforschern noch große technische Probleme bereitet), und zweitens gelingt die Erfassung der Ganzheit auf Grund eines u. U. winzigen Teiles derselben. So sind wir z. B. imstande, einen Menschen mit Sicherheit zu erkennen, obwohl wir eventuell nur einen kleinen Ausschnitt seines Gesichts sehen; ebenso wie der Musiker ein Konzert oder eine Sinfonie an einem einzigen Takt oder sogar einem einzigen Akkord identifizieren kann. Es handelt sich um eine Fähigkeit, die sich auf dem Prinzip des *pars pro toto* aufbaut, d. h. der unmittelbaren Erkennung einer Ganzheit von *einem* wesentlichen Detail her [3]. In diesem Zusammenhange sind ganz besonders die Geruchsempfindungen zu erwähnen, die als scheinbar unwichtiger Teil einer Situation diese selbst nach langer Zeit in ihrer Ganzheit evozieren können. Der Geruch von Blut kann den ganzen Schrecken einer jahrzehntelang verdrängten Kriegssituation wieder wachrufen; der Duft von Jasmin, Linden oder Geißblatt dagegen die Pracht einer mediterranen Landschaft oder die Süßigkeit eines ganz frühen, schüchternen Liebeserlebnisses.

Auch jede gute Karikatur, die mit äußerster Sparsamkeit an Linien eine komplexe Gestalt vermittelt, ist ein Beweis für diese *pars-pro-toto*-Erfassung und Evozierung der Wirklichkeit durch die rechte Gehirnhälfte; während umgekehrt der polizeiliche Erkennungsdienst mit der notorischen Schwierigkeit zu kämpfen hat, ein Gesicht klar und eindeutig in der analytisch-verbalen Sprache der linken Hemisphäre zu beschreiben [36, S. 574] [4].

Lichts, wodurch deren optische Rekonstruktion räumlich (dreidimensional) möglich wird. Besonders bemerkenswert daran ist, daß sich das Gesamtbild auch aus einem beliebigen Teil der Holographie rekonstruieren läßt.
[3] Dies darf nicht mit dem oben erwähnten, mosaikartigen Zusammenfügen von vielen Details durch die linke Hemisphäre verwechselt werden.
[4] Hierzu LEVY:
Gesichter sind nämlich sehr schwer analytisch zu beschreiben. Wir erkennen Menschen nicht, indem wir feststellen: «Diese Person hat dunkles Haar, blaue Augen, Sommersprossen und trägt eine Brille und muß daher Mary sein». Wir erkennen sie vielmehr durch die fast augenblickliche Wahrnehmung der wesentlichen Gestalt. Möglicherweise muß die linke Hemisphäre mit ihrer Sprachkompetenz sich auf die induktive Methode verlassen und ist daher kaum in der Lage, sich ein Bild von jenen Sinneseindrücken zu machen, die sich der Beschreibung in Worten entziehen [69].
In der Kriminalistik behilft man sich daher mit einer Art Baukasten von verschiedensten Bildelementen menschlicher Gesichter, aus denen Augenzeugen ein Gesicht rekonstruieren können, ohne die dafür ungeeignete linkshemisphärische Sprache verwenden zu müssen.

Von besonderer Wichtigkeit ist schließlich, daß der rechten Hirnhälfte aller Wahrscheinlichkeit nach die für unsere Erfassung der Wirklichkeit entscheidende Konstruktion der logischen Mengen (Klassen) und die sich daraus ableitenden Begriffsbildungen obliegen. Damit sei gesagt, daß wir, wenn wir Begriffe (wie «Dreieck», «Tisch» usw.) verwenden, Abstraktionen meinen, die *als solche* nicht physisch existieren, sondern sozusagen die Quintessenz (eben die logische *Menge*) aller möglichen, existierenden oder auch nur denkbaren Dreiecke [5], Tische usw. sind. Ohne diese Fähigkeit, die kaleidoskopische Vielfalt der Welt in logischen Mengen zusammenzuraffen, in Begriffe zu ordnen, wäre menschliche wie tierische Existenz unmöglich.

In psychoanalytischer Terminologie decken sich die Funktionen der rechten Hemisphäre weitgehend mit denen der Primärprozesse. Ihre Assoziationen sind nichtlinear und lassen das freie Assoziieren in neuem Licht erscheinen. Wie FREUD dies schon für das Es postulierte, ist die rechte Gehirnhälfte im guten wie im schlechten Sinne «zeitlos»; d. h. einerseits scheinen ihre Inhalte viel zeitresistenter, die Erfassung von Zeitabläufen und daher die Orientierung in der Zeit dagegen viel schlechter als die der linken Hemisphäre zu sein.

Ebenfalls von Wichtigkeit für mein Thema ist, daß die Sprache der rechten Hemisphäre archaisch und unentwickelt ist. (In der Fachliteratur wird sie daher manchmal als die stumme oder nichtdominante Hirnhälfte bezeichnet.) Es fehlen die Propositionen und praktisch alle anderen Elemente der (linkshemisphärischen) Grammatik, Syntax und Semantik. Ihre Begriffe sind zweideutig (man denke an FREUDS *Gegensinn der Urworte*), sie neigt zu logischen Fehlschlüssen, die auf bloßen Klangassoziationen, Verwechslungen von Konkretem und Metaphorischem und dergleichen beruhen, ferner zu Verdichtungen, Mischwortbildungen, Zweideutigkeiten, Wortspielen, Kalauern – kurz, zu Sprachformen, die in der Psychopathologie meist den Manifestationen der Schizophrenie zugeordnet werden. Im Rorschach-Test dürfte sie die Ganzdeutungen liefern.

Ihrer archaischen Sprache entspricht eine primitive Arithmetik. Ihre obere Grenze liegt im Bereich von Additionen zweier einstelliger Zahlen, also unter 20 [98, S. 731]; sie verfügt aber andererseits über eine höchst genaue Fähigkeit der unmittelbaren Mengenwahrnehmung. Primitive Hirten z. B., die nur über die drei Zahlwörter *eins, zwei* und *viele*

---

5 Hierzu PIERCE:
   Wie BERKELEY feststellt, muß die abstrakte Form eines (oder des idealen) Dreiecks gleichzeitig «weder schräg, rechtwinklig, gleichseitig, gleichschenkelig noch ungleichseitig sein, sondern alle und auch keine dieser Eigenschaften haben» [75].

verfügen, bemerken sofort, ob und welche Tiere aus der Herde fehlen, auch wenn die Zahl der Tiere sehr groß ist.

Die rechte Hemisphäre verfügt über ungewöhnlich hohe kognitive Fähigkeiten und dominiert daher die linke im Erfassen räumlicher Dimensionen (also im konkreten Raumempfinden); auch besitzt sie ein mehr oder weniger *geschlossenes Weltbild* – ein Umstand, der uns bei der Untersuchung der therapeutischen Implikationen dieser Forschungsergebnisse noch näher beschäftigen wird. Überhaupt dominiert hier das Bild, die Analogie, und daher auch die Evokation von Erinnerungsbildern und den damit zusammenhängenden Empfindungen. – Schon Jaspers stellte vor Jahren fest:

> Es ist möglich, statt in Begriffen durch Worte, vielmehr in Bildern, Gestalten, Mythen, Göttern, in Landschaften, Farben, Naturerscheinungen, in Handlungen und Vollzügen zu «denken». Alle primitiven Weltbilder bauen sich auf diesem Wege auf, die Wortsprache bezieht sich darauf.

Allerdings ist dieses Denken für ihn nur der Übergang zur Wortsprache:

> Sprachloses Denken scheint es *als Keim und als Übergang* zu geben. Vielleicht geht das Entscheidende des Erkennens – der Sprung zum Neuen, der Ansatz, das ursprüngliche, vorwegzunehmende Begreifen – im sprachlosen Denken vor sich [57, S.415].

Schließlich ist noch eine fast ausschließlich rechtshemisphärische Kompetenz zu nennen, die im Hinblick auf die schon mehrmals erwähnten Fähigkeiten dieser Hemisphäre zur Ganzheitserfassung und Ganzheitsbildung nicht überraschen dürfte, nämlich die Musik [14, S. 142–5]. Wie erfassen wir musikalische Strukturen, wie behalten wir Themen von sinfonischer Länge, und vor allem, wie erklärt sich die Gefühlsintensität, Tiefe und Klarheit der durch bestimmte Melodien fast augenblicklich wachgerufenen Erinnerungsbilder? Im kaiserlichen China, mit seiner Betonung der bis ins einzelne festgelegten Ordnung, soll die Musik Staatssache und damit dem Einzelnen vorenthalten gewesen sein. Auch Platon schreibt der Musik staatsgefährliche Eigenschaften zu:

> Denn in keinem Staat können die Kunstformen der Musik angetastet werden ohne eine Erschütterung der grundlegenden politischen Ordnungen – das sagt Damon, der Musiker, und ich bin davon überzeugt [...]. Ihren Wachtturm, scheint es, müssen die Wächter also hier errichten: bei der Musik [77, 4. Buch, 424].

In ihrer evokativen *pars-pro-toto*-Funktion wird die Musik nur von den schon erwähnten Geruchsempfindungen übertroffen, und auch hier wäre jeder Versuch einer Übersetzung in die digitale Sprache der linken Gehirnhälfte vergebliche Liebesmühe [6]. (Nur mit dem Kitsch in der Musik

---

[6] Umgekehrt soll sich Richard Strauß einmal gerühmt haben, mit der Musik alles – auch ein Glas schäumendes Bier – ausdrücken zu können.

scheint es sich anders zu verhalten. Da gibt es sogenannte Melodien, die einen fatal an Herz-Schmerz und ähnliche Reime gemahnen.)

Experimente beweisen, daß Musik fast ausschließlich rechtshemisphärisch aufgenommen und verarbeitet wird, solange es sich um sozusagen unmittelbares Musikerleben handelt. In musikalisch geschulten Personen dagegen, die neben dem «reinen» Zuhören auch Einzelheiten wie Tonart, Harmonie, Orchestrierung usw. Aufmerksamkeit schenken, ist die linke Hirnhälfte weitgehend mitbeteiligt [13, 46].

Wie sich aus dem Gesagten unschwer ableiten läßt, führen Läsionen der rechten Hemisphäre zu Störungen der Bild- und Raumerfassung, sowie der allgemeinen Gestaltwahrnehmung. Die Patienten sind z. B. außerstande, geometrische Figuren nachzuzeichnen oder Gesichter (sogar ihr eigenes) zu erkennen; die Fähigkeit zur Synthese und Integration ist beeinträchtigt oder ganz verloren. DIMOND [17, S. 189] fand, daß diese Schäden auch Verhaltensabläufe beeinträchtigen, die, wie das Anziehen, durch zahllose Wiederholungen automatisch geworden sind und – wie ich vermute – vor der Läsion gewissermaßen als jederzeit abrufbares Subprogramm rechtshemisphärisch gespeichert waren.

26

Experimentelle Nachweise

Die Literatur über die Untersuchungen und Experimente, die der eben gegebenen, höchst summarischen Beschreibung der links- und rechtshemisphärischen Eigenschaften zugrundeliegen, ist heute bereits fast unübersehbar, scheint sich aber derzeit noch hauptsächlich auf den anglo-amerikanischen Sprachraum zu beschränken [1]. Es sollen deshalb im folgenden einige jener Untersuchungen erwähnt werden, die unmittelbaren Bezug auf mein Thema haben, und die das im vorangegangenen Kapitel Erwähnte etwas konkreter belegen.

Wie schon erwähnt, können Patienten trotz schweren Läsionen einer Hemisphäre oder der Durchtrennung des *corpus callosum* den oberflächlichen Eindruck von Normalität geben. Die Ausfallserscheinungen werden erst bei eingehenderen Untersuchungen offensichtlich, können sich dann aber als sehr aufschlußreich erweisen. GESCHWIND zeigte z. B., daß Patienten mit ausgedehnten Läsionen der linken Hemisphäre (vor allem der linksseitigen Sehrinde) nicht imstande sind, Worte und arabische Ziffern zu lesen, während sie römische Ziffern weiterhin erfassen. Dies dürfte darauf zurückzuführen sein, daß römische Ziffern wenigstens zum Teil analog sind, während zwischen den (digitalen) arabischen und den durch sie ausgedrückten Zahlbegriffen keine bildhafte Beziehung besteht. «Es ist wichtig», schreibt GESCHWIND, «sich vor Augen zu halten, daß zwei scheinbar ganz ähnliche Leistungen, wie das Lesen eines Wortes und einer Ziffer, vom Nervensystem tatsächlich in ganz verschiedener Weise zuwegegebracht werden». [41, S. 107].

An einem Patienten mit Balkentrennung (Kommissurotomie) stellte GESCHWIND [41, S. 105] fest, daß er einen Gegenstand (z. B. Löffel, Schere, Büroklammer) richtig benennen konnte, wenn ihm dieser – ohne daß er ihn sehen konnte – zum Abtasten in die rechte (linkshemisphärische) Hand gegeben wurde, während er sich bei der Benennung von Gegenständen irrte, die er nur mit seiner linken (also vorwiegend rechtshemisphärisch bezogenen) Hand betasten konnte. Es zeigt sich aber, daß er

---

[1] Aus diesem Grunde ist es schwierig, dem daran interessierten Leser eine zumutbare Auswahl an allgemeinen, einführenden und grundlegenden Arbeiten zu bieten. Ohne jeden Anspruch auf Vollständigkeit können aber die in Hinweisen 17, 21, 38 und 63 genannten Werke empfohlen werden.

trotz der irrtümlichen *Benennung* den Gegenstand richtig erkannt hatte, da er ihn erstens richtig handhabte, zweitens ihn nachher auf Aufforderung aus einer Anzahl verschiedener Gegenstände entweder durch Abtasten mit der linken Hand oder visuell richtig auswählen konnte, und ihn drittens mit der linken Hand sogar zu zeichnen vermochte. Er war aber nicht imstande, einen Gegenstand, den er nur in der linken Hand gehalten hatte, ohne Anblicken und nur durch Abtasten mit der rechten Hand aus den anderen Gegenständen herauszufinden oder mit der rechten Hand zu zeichnen. Ich bin der Meinung, daß allein dieses Experiment schon hochinteressante Schlüsse auf die *Ansprechbarkeit* der betreffenden Hemisphäre und die dafür anzuwendende Sprache (im weitesten Sinne des Wortes) erlaubt.

In seinem ausführlichen und mit einer reichhaltigen Bibliographie versehenen Artikel über die grundlegende Bedeutung der hemisphärischen Spezialisierungen für die Psychiatrie beschreibt der am Langley-Porter Neuropsychiatric Institute der Universität von Kalifornien in San Francisco arbeitende Forscher GALIN einen von seinem Kollegen SPERRY am California Institute of Technology in Pasadena aufgenommenen Film. Darin ist ein balkengetrennter Patient zu sehen, der mit seiner linken (also rechtshemisphärischen) Hand rasch und sicher nach einer Vorlage farbige Holzwürfel zu einem Muster zusammensetzt. Der Versuchsleiter mischt die Blöcke dann wieder und fordert den Patienten auf, das Muster nun mit seiner rechten Hand zusammenzustellen. Der Patient arbeitet langsam und mit offensichtlicher Mühe. An einer Stelle des Filmes sieht man, wie er beim Versuch, eine Ecke des Mosaiks zusammenzusetzen, die Würfel wieder durcheinandermischt, obwohl sie bereits richtig lagen, und wie dann plötzlich die linke Hand korrigiernd eingreift und die Würfel rasch in die richtige Ordnung schiebt – worauf die Hand des Versuchsleiters die Linke des Patienten aus dem Bildfeld der Filmkamera zieht [36, S. 574]. Der Versuch läßt keinen Zweifel darüber, daß die beiden Hände des Patienten sozusagen von zwei verschiedenen Gehirnen geleitet werden, von denen das eine (die rechte Hirnhälfte, mit der von ihr innervierten linken Hand) das Erfassen und Nachbilden einer Ganzheit mit Leichtigkeit meistert, während die andere daran scheitert.

Ebenso wie die hemisphärisch bedingte Händigkeit gibt es aber auch gewissermaßen eine «Sichtigkeit», d. h., die Signale der rechten und linken Hälften unserer Netzhäute gehen in die kontralaterale (entgegengesetzte) Hirnhälfte. In einem anderen Teil von SPERRYS Film wird eine Patientin mit Balkentrennung mit einem Tachistoskop getestet. In einer Serie von neutralen, geometrischen Figuren, so berichtet GALIN, die wahl-

los der rechten oder linken Hälfte der Retina gezeigt werden, ist eine Akt-
aufnahme, die nur in die linke Hälfte des Sehfelds projiziert und auf diese
Weise nur der rechten Hemisphäre wahrnehmbar wird. Die Patientin
errötet und kichert. SPERRY fragt: «Was haben Sie gesehen?» Sie antwortet: «Nichts, nur einen Lichtblitz», kichert wieder und legt eine Hand
über ihren Mund. «Warum lachen Sie dann?» fragt SPERRY, und sie lacht
wieder und sagt: «Oh, Dr. SPERRY, Sie haben da so einen Apparat!» Der
Vorfall, betont GALIN, ist bedeutungsvoll; wenn man ihren neurochirur-
gischen Befund nicht wüßte, könnte man in ihrem Verhalten ein Beispiel
von Wahrnehmungszensur sehen und annehmen, daß sie eine ihr unan-
nehmbare sexuelle Wahrnehmung «verdrängte» – und sogar ihre ab-
schließende Bemerkung (ein gesellschaftlich akzeptables *non sequitur*)
würde durchaus zur Annahme einer klassischen Verdrängung passen [36,
S. 573].

Mutatis mutandis gilt dasselbe für unser Gehör. Wie GORDON [46]
fand auch KIMURA [62], daß unsere Ohren ihre Wahrnehmungen ebenfalls primär in die kontralaterale Hemisphäre melden. Mit dem Geruch-
sinn verhält es sich ganz ähnlich. SPERRY berichtet über Kommissuroto-
mie-Patienten:

> Wenn Geruchsempfindungen durch das linke Nasenloch der nichtdominanten
> Hemisphäre zugeführt werden, kann die Versuchsperson sie nicht benennen, oft
> aber angeben, ob es angenehme oder unangenehme Gerüche sind. Die Versuchsper-
> son mag sogar schnauben, auf einen besonders widerlichen Geruch mit Unwillens-
> äußerungen oder Ausrufen wie «pfui!» reagieren, kann aber nicht angeben, ob es
> sich um Knoblauch, Käse oder Fäulnis handelt. Wiederum hat es also den Anschein,
> daß die affektive Komponente zur sprechenden Hemisphäre durchdringt, nicht aber
> die spezifischere Information [98, S. 732] [2].

Wie zu erwarten, kann die durch Balkentrennung hervorgerufene
Erschwerung (oder Verhinderung) der Integration der beiden Gehirn-
hälften zu Interferenzerscheinungen und Konflikten führen. Hierzu wieder
SPERRY:

> Die nichtdominante Hemisphäre löst im Versuchsverlauf oft Unlustreaktionen
> aus. Diese drücken sich durch Stirnerunzeln, Zusammenfahren und Kopfschütteln
> in jenen Testsituationen aus, in denen die nichtdominante Hemisphäre, die die rich-
> tige Antwort weiß, aber nicht sprechen kann, die dominante Hemisphäre eine offen-
> sichtlich falsche Antwort geben hört. Die nichtdominante Hemisphäre scheint dann
> wirklichen Ärger über die falschen Antworten ihrer besseren Hälfte auszudrücken
> [98, S. 732].

---

[2] Mehr zu diesem Thema in GORDON und SPERRY [47]. In diesem Zusammenhang
ist es übrigens interessant, daß die indischen Yogatexte schon immer behaupten,
Atemübungen durch das rechte bzw. das linke Nasenloch hätten ganz verschiedene
seelische Wirkungen.

Zum selben Thema erwähnt GAZZANIGA [38, S. 142] eine persönliche Mitteilung seines englischen Kollegen MACKAYS, wonach auch normalerweise die rechte Großhirnhälfte gewissermaßen als stummer Monitor die Äußerungen und Entscheidungen der linken überwacht und gegebenenfalls korrigiert.

Diese und ähnliche Sachverhalte ließen sich noch durch eine Unzahl anderer Beobachtungen und Untersuchungsergebnisse verschiedenster Art weiter unterbauen. Ich glaube aber, daß das hier vorgelegte Material folgende Zusammenfassung gestattet:

Die Folgeerscheinungen der Kommissurotomie beweisen, daß wir (und übrigens auch andere Primaten) zwei Gehirne besitzen, die unabhängig voneinander funktionieren können. Diese Differenzierung der Gehirnfunktionen bringt es mit sich, daß die beiden Hälften nicht nur nicht in derselben Weise auf dieselben Umweltreize ansprechen, sondern daß vielmehr jede der beiden Hemisphären nur auf jene Reize reagiert, die in ihre Domäne fallen. Daraus ergibt sich ferner, daß jeder Versuch der Beeinflussung einer der beiden Hemisphären sich ihrer spezifischen «Sprache» bedienen muß, damit das Signal bzw. die Kommunikation auch dorthin vordringt.

Zu all dem ließe sich nun erwidern, daß diese Tatsachen, so interessant sie auch sein mögen, sich doch alle auf das Verhalten schwer beeinträchtigter Patienten beziehen, in denen die normale Koordination zwischen den beiden Hirnhälften durch Verletzungen oder chirurgische Eingriffe gestört und sogar weitgehend aufgehoben ist. Wie es aber in der Hirnforschung meist der Fall ist, erlaubt auch hier das Studium der Ausfallserscheinungen wichtige Rückschlüsse auf das normale Funktionieren.

In welcher Beziehung stehen die beiden Gehirnhälften normalerweise, d. h., wenn sie miteinander kommunizieren können?

Der Idealfall läßt sich unschwer vorstellen. Er liegt dem bereits erwähnten GAUSS-Zitat zugrunde: «Die Lösung hatte ich schon, nun mußte ich nur noch die Wege entdecken, auf denen ich zu ihr gelangt war.» Die rechte Hemisphäre hatte unmittelbar und holistisch das Resultat bereits erfaßt; nun war die Reihe an der methodisch-analytisch hochspezialisierten linken, es schrittweise zu erarbeiten [3]. Wir dürfen also vermuten, daß die beiden Hirnhälften nicht trotz, sondern gerade wegen ihrer so verschie-

---

[3] Ich nehme hier der Einfachheit halber an, daß GAUSS Rechtshänder war, obwohl neueste Untersuchungen [z. B. 105] Grund zur Annahme geben, daß im Linkshänder nicht notwendigerweise eine Seitenverkehrung der hemisphärischen Funktionen vorliegt, sondern daß die linke Gehirnhälfte unabhängig von der Händigkeit zur Entwicklung von Sprache prädisponiert ist.

denen Spezialisierungen im Normalfall einen hohen Grad der Integration und Komplementarität erreichen, und ferner, daß jeweils vermutlich jene Hemisphäre sozusagen die Führung übernimmt, deren Spezialisierung sie für die Bewältigung einer bestimmten Situation kompetenter macht als die andere. Soweit der Idealfall.

In seiner Zusammenfassung führt GALIN [36, S. 575] zwei weitere Muster hemisphärischer Interaktion an, die aber bereits den Keim zu Konflikten zwischen den beiden Großhirnhälften (auch bei unversehrtem Gehirn) enthalten:

1. Für das eine Muster verwendet GALIN den Begriff der «Lösung durch Geschwindigkeit»: die Hemisphäre, die schneller mit der Lösung des Problems fertig wird, dominiert über die Efferenz und bestimmt so das problemlösende Verhalten.

2. Hemisphärische Dominanz in Affen kann – da noch bei weitem nicht so ausgeprägt wie beim Menschen und deshalb noch sehr flexibel – durch Verstärkungen beeinflußt werden. Diejenige Hemisphäre, die im Erzielen von Belohnungen erfolgreicher ist, wird dabei, wie GAZZANIGA [39] berichtet, zunehmend dominant. Da auch im Menschen die Hirnhälften in der frühen Kindheit noch weitgehend undifferenziert sind[4], darf angenommen werden, daß solche, zur schließlichen Dominanz führenden Verstärkungen auch in der Interaktion zwischen Eltern und Kleinkind möglich sind, und – wie ich dazufügen möchte – auf diese Weise in Form einer selbsterfüllenden Prophezeiung bei Zwillingen der eine schließlich tatsächlich der «gescheite» und der andere der «künstlerische» wird. GALIN schlägt für dieses Interaktionsmuster die Bezeichnung «Lösung durch Motivierung» vor und meint damit, daß diejenige Hirnhälfte, für die das betreffende Ergebnis wichtiger ist, die Initiative ergreift und das Verhalten bestimmt.

Wenn es aber zutrifft, daß bei normaler Integration die Hemisphäre zum Zug kommt, die dank ihrer Spezialisierung für die Bewältigung einer bestimmten Situation kompetenter ist, so bedeutet dies auch, daß wir die kaleidoskopische Vielfalt der Welt auf zwei völlig verschiedene Weisen erleben, und daß diese zwei Erlebnisformen nicht nur nicht auswechselbar sind, sondern daß nicht einmal von der einen in die andere Modalität übersetzt werden kann. GALIN drückt diese Schwierigkeit sehr klar aus, wenn

---

[4] Hierzu bemerkt GAZZANIGA [40, S. 315], daß die Schwierigkeit der Erinnerung von Kindheitserlebnissen (etwa bis zum 2. oder 3. Lebensjahr) damit zusammenhängen dürfte, daß diese zeitlich vor die Ausbildung hinlänglicher linguistischer Fähigkeit fallen und somit zwar gespeichert werden, später aber nicht in der digitalen Sprache der linken Hemisphäre evoziert werden können.

er schreibt, daß das Erlebnis eines Sinfoniekonzertes kaum in Worten ausdrückbar ist, während der Satz «Demokratie erfordert informierte Teilnahme» nur schwer in Bildern übermittelt werden kann [36, S. 576].
Wie aber bereits angedeutet, liegt hier der Keim zu Konflikt und Pathologie [5]. Alles deutet nämlich darauf hin, daß die *inter*hemisphärische
Verbindung via den Balken im Vergleich zur *intra*hemisphärischen Kon-
nektivität schwach ist, und daß die beiden Hemisphären in ganz bestimmten Konfliktsituationen sozusagen funktionell getrennt werden und in
Widerstreit miteinander treten können – eine These, die PIERRE JANET
schon vor fast hundert Jahren in seiner Dissoziationstheorie vertrat, und
die kürzlich von HOPPE als *funktionelle Kommissurotomie* besonders für
psychosomatische Krankheitsbilder postuliert und belegt wurde [53] [6].

---

[5] Daß zwischen den beiden Hirnhälften überhaupt ein antagonistisches Verhältnis
bestehen dürfte, legt folgende Untersuchung nahe: DOMHOFF [18] führte eine Befragung von 158 Studenten über ihre Vorstellungen zu den Begriffen «rechts» und
«links» mittels eines sogenannten Polaritätsprofils durch. (Es handelt sich dabei um
die Einstufung eines Begriffs auf der Grundlage einer Liste von gegensätzlichen
Charakterisierungswörtern, die zu dem Begriff keinen sachlichen, wohl aber einen
möglichen subjektiv-assoziativen Bezug haben.) Im DOMHOFFschen Versuch erstell-
ten 80 Versuchspersonen das Profil zu «rechts» und 78 jenes zu «links». Da es bei
dieser Methode um Benennen, Definieren und Assoziieren geht, spricht sie offensichtlich die linke Hemisphäre an, und das Ergebnis kommt kaum überraschend:
«Rechts» wurde als gut, licht, heilig, männlich, rein, Tag, Osten, gerade, aufrecht,
heterosexuell, stark, gewöhnlich, hoch, schön, weiß, richtig und Leben definiert,
also fast durchwegs positiv. Die gegensätzlichen, negativen Bedeutungen fielen dem
Begriff «links» zu (an den sich ja auch in der Umgangssprache die Eigenschaften
linkisch und *sinister* knüpfen): schlecht, dunkel, profan, weiblich, unrein, Nacht,
Westen, gebogen, schlaff, homosexuell, schwach, rätselhaft, niedrig, häßlich, schwarz,
unrichtig und Tod. Leider läßt sich in Ermangelung einer die rechte Hemisphäre
ansprechenden Testmethode nicht feststellen, wie kritisch sich diese stumme Dul-
derin ihrerseits über die linke Hälfte ausdrücken würde.
   Und schon in PLATONS *Staat* findet sich eine Stelle, in der Sokrates im Dialog
mit Glaukon diesem die Minderwertigkeit der seelischen Aspekte auseinanderlegt,
die sich durch die Malerei und Nachbildnerei der Natur ansprechen lassen:
«Und so ist dies insgesamt eine große Verwirrung in unserer Seele, auf welche
Beschaffenheit unserer Natur dann die Schattierkunst lauert und keine Täuschung
ungebraucht läßt, so auch die Kunst der Gaukler und viele andere dergleichen
Handgriffe.» – «Richtig.» – «Haben sich nun nicht Messen, Zählen und Wägen als
die dienstlichen Hilfsmittel hiegegen erwiesen? So daß das scheinbar Größere oder
Kleinere oder Mehrere oder Schwerere nicht in uns aufkommt, sondern das Rech-
nende, Messende und Wägende?» – «Natürlich.» – [...] – «Was also in der Seele
unbekümmert um das Maß urteilt, kann nicht dasselbe sein mit dem nach Maß
Urteilenden.» – «Freilich.» – [...] – «Was also mit diesem in Widerspruch steht,
das gehört zu dem Schlechteren in uns.» (Kursiv von mir) [77, 10. Buch, 602].
   Und im weiteren Verlauf des Dialogs läßt PLATON seinen Sokrates immer aus-
drücklicher alles Bildhafte seiner Unmeßbarkeit und Unwägbarkeit und Unvernunft
wegen verdammen.
[6] Bakan [6] erwähnt zu diesem Thema die mir nicht zugänglichen Arbeiten des

Bei den hier in Frage kommenden Situationen dürfte es sich vor allem um solche handeln, in denen die funktionelle Kommissurotomie durch widersprüchliche Kommunikationen hervorgerufen wird und so Konflikte jener Art erzeugt, wie sie als erste von der Bateson-Gruppe in Palo Alto untersucht wurden. Hierzu ein Beispiel aus einem ihrer grundlegenden Referate, «Auf dem Wege zu einer Schizophrenie-Theorie»:

Ein junger Mann, der sich von einem akuten schizophrenen Schub ziemlich gut erholt hatte, erhielt im Spital Besuch von seiner Mutter. Er freute sich, sie zu sehen, und legte ihr impulsiv seinen Arm um die Schulter, worauf sie erstarrte. Er zog seinen Arm zurück, und sie fragte: «Liebst du mich nicht mehr?» Er wurde rot und sie sagte: «Lieber, du mußt nicht so leicht verlegen werden und Angst vor deinen Gefühlen haben.» Der Patient war danach nicht in der Lage, länger als ein paar Minuten mit ihr zu verbringen, und nachdem sie weggegangen war, griff er einen Assistenten an und wurde ins Bad gesteckt [8, S. 29].

Es handelt sich hier um einen eklatanten Widerspruch zwischen den verbalen und den averbalen Kommunikationen der Mutter. Da diese beiden Kommunikationsmodalitäten aber von den beiden Hemisphären des Sohns getrennt verarbeitet werden – die Worte der Mutter von der linken, ihre (analoge) Körpersprache aber von der rechten – und zwei völlig unvereinbare Bilder des Wirklichkeitsaspekts *Mutter* ergeben, bleiben nur zwei Möglichkeiten:

1. Eine der beiden Hemisphären hemmt die andere und bemächtigt sich damit der Efferenz und der Motorik, was auf die Verdrängung der kontralateralen, widersprüchlichen Wahrnehmung hinausläuft. Der für diese Lösung zu zahlende Preis ist eine massive Verfälschung der Wirklichkeit. Falls in dieser Situation die rechte Hirnhälfte die linke aussticht, darf erwartet werden, daß die Reaktionen des Betreffenden – sein Verhalten, seine Sprache und das ihnen zugrundeliegende Denken – rechtshemisphärisch und daher archaisch, metaphorisch, impulsiv, unlogisch, in einem Wort: *psychotisch* sein dürfte. Gewinnt dagegen die linke Hemisphäre den Konflikt, so dürfte dies gehemmtes, eventuell zwangshaftes, auf jeden Fall aber gefühlsarmes, «zerebrales» Verhalten bedingen.

2. Der Widerspruch wird nicht durch die Notlösung einer funktionellen Kommissurotomie verdeckt; in ihrem Kampfe um die Efferenz, d. h. dem Zugang zur Motorik, paralysieren sich die beiden Gehirnhälften gegenseitig und die subjektiv vermutlich unerträgliche Dissoziation entlädt sich (zumindest im obigen Beispiel) schließlich in Panik oder einer violenten Abreaktion.

---

italienischen Forschers C. Berlucchi, der entdeckte, daß die elektrische Aktivität über den Balken bei schlafenden Katzen praktisch auf Null abfällt, wenn die Tiere in REM-*(rapid eye movement)*-Schlaf, also in eine Traumphase, eintreten.

Die im Rahmen dieses Buches (und meiner Kompetenz) nur in sehr
großen Zügen skizzierte Hemisphärentheorie liefert uns meines Erachtens
das Rüstzeug für ein viel umfassenderes Verständnis grundlegender seeli-
scher Prozesse, als es die bisherigen Theorien erlaubten.

*Vor allem stellt sie eine wichtige Bereicherung unseres Wissens über
die verhaltensmäßigen Wirkungen der Kommunikation dar.* Von vielen,
der Pragmatik der Kommunikation sonst durchaus positiv gegenüber-
stehenden Forschern und Klinikern war es bisher als störend empfunden
worden, daß die Pragmatik scheinbar «an der Oberfläche» blieb, indem
sie das Seelische als *Black Box* betrachtete, über deren inneres Funktionieren nichts unmittelbar bekannt war, sondern nur auf dem notgedrungenen
Umweg über die Beobachtung ihrer sogenannten *Input-output*-Relationen
(dem Unterschied zwischen dem erhaltenen und dem ausgesandten Signal,
zwischen Reiz und Reaktion). Es wurde ferner als bedauerlich – wenn
nicht geradezu unannehmbar – beurteilt, daß die Pragmatik der menschlichen Kommunikation sich mit den gängigen Theorien über den psychi-
schen Apparat nicht nur nicht vereinbaren läßt [7], sondern mit ihnen in
vieler Hinsicht im Widerspruch steht.

Die Hemisphärentheorie legt nun nahe, daß die begriffliche Trennung
bewußter von unbewußten Prozessen und wohl alle sich aus dieser grundlegenden Unterscheidung ableitenden Folgerungen für Pathologie und
Therapie dahingehend revidiert werden müssen, daß wir vielmehr zwei
Bewußtheiten besitzen, die im Idealfall in harmonischer Integration jeweils komplementär zur Erfassung und adäquaten Bewältigung der Wirklichkeit zusammenarbeiten, im Konfliktfall aber mangels einer gemeinsamen Sprache nicht miteinander kommunizieren können. Wie erwähnt
handelt es sich bei der Hemisphärentheorie im Grunde um eine moderne
Bestätigung der Dissoziationstheorie, die PIERRE JANET [56] an der Sal-
pêtrière schon vor der Jahrhundertwende postulierte. Seine – wie es nun
den Anschein hat – korrekte Annahme einer *vertikalen* Trennung des Bewußtseins in den Neurosen [8] wurde bekanntlich durch FREUDS *horizontale*
Topologie verdrängt [9].

---

[7] Dies zeigt sich besonders im Bereich der Familienpsychotherapie, wo immer wieder der Nachweis versucht wird, daß sich der psychodynamische und der system-
theoretische Ansatz eben doch zu einer ihre antithetische Beziehung auflösenden
Synthese bringen läßt.

[8] So sah JANET z. B. in der Hysterie eine «Krankheit der persönlichen Synthese».

[9] Man vergleiche hierzu die überaus interessanten Ausführungen STAROBINSKIS
in *Psychoanalyse und Literatur* [101], vor allem den darin enthaltenen Aufsatz
«Freud, Breton, Myers», in dem er die Polarität zwischen der Psychoanalyse und
dem Surrealismus aufzeigt. Während die Surrealisten zunächst in der Psychoanalyse

Welche Bedeutung dies für die Therapie hat, soll im nächsten Kapitel untersucht werden.

die Methode zur Erreichung ihres Hauptanliegens, der Überwindung der rein zerebral erfaßten Wirklichkeit und der Synthese von Wissenschaft, Traum und Kunst sahen, war FREUD von dieser Hoffnung anscheinend peinlich berührt. Am 26. Dezember 1932, in seinem dritten Brief an André Breton, dem Wortführer der Surrealisten, stellte er ganz klar fest, daß er nicht wisse, was der Surrealismus eigentlich wolle, und schiebt weiterer Auseinandersetzung mit der Bemerkung einen Riegel vor, daß diese Verständnislosigkeit an ihm, «qui suis si eloigné de l'art», liege. – Und in seinem Brief vom 20. Juli 1938 berichtet er Stefan Zweig von seinem Zusammentreffen mit Salvador Dali und bezeichnet die Surrealisten, «die mich anscheinend zu ihrem Schutzpatron erkoren haben», für «absolute Narren».

Im selben Aufsatz weist STAROBINSKI nach, wie sich die Begriffe der Surrealisten aus der Begriffswelt JANETS, CHARCOTS und LIÉBEAULTS und nicht aus der von MESMER zu FREUD führenden Strömung ableiten lassen.

Weltbilder

Was nämlich jeder voraussieht lange genug,
Dennoch geschieht es am End: Blödsinn,
Der nimmerzulöschende jetzt, Schicksal genannt.
Aus MAX FRISCH: *Biedermann und die Brandstifter.*

Die Psychotherapie befaßt sich mit Wandel. Was sie aber wandeln soll, darüber gehen die Schulmeinungen weit auseinander, und diese Meinungsverschiedenheiten haben ihren Grund in den grundverschiedenen Meinungen über das Wesen des Menschen schlechthin – also in einer philosophischen, ja metaphysischen, und nicht einer psychopathologischen Fragestellung. Auf diese Frage aber muß eine brauchbare Antwort gefunden werden, bevor untersucht werden kann, welche Folgerungen sich aus dem bisher Gesagten für die Technik der Therapie ergeben.

Ich möchte zunächst vorschlagen, die Frage so pragmatisch wie möglich zu beantworten: Wer bei uns Hilfe sucht, leidet in irgendeiner Weise an seiner Beziehung zur Welt. Damit sei gemeint – und diese Meinung greift bis zum frühen Buddhismus zurück, der bekanntlich eminent pragmatisch war –, daß er an seinem *Bilde* der Welt leidet, am ungelösten Widerspruch dazwischen, wie die Dinge *sind* und wie sie seinem Weltbild nach *sein sollten.* Es stehen ihm dann zwei Möglichkeiten offen: aktives Eingreifen, das die Umwelt mehr oder weniger seinem Weltbild angleicht; oder, wo unmöglich, umgekehrt die Anpassung seines Weltbildes an die unabänderlichen Gegebenheiten. Erstere Form der Lösung kann sehr wohl der Gegenstand von Beratung sein, seltener aber der Therapie im engeren Sinne; während letztere recht eigentlich Anliegen und Ziel therapeutischen Wandels ist.

Auch hierfür gibt es sehr modern anmutende, antike Ansätze. In seiner *Topik* macht ARISTOTELES bereits den grundlegenden Unterschied zwischen selbstevidenten Schlüssen, die sich sozusagen aus der Natur der Dinge ergeben, und solchen, die auf allgemein anerkannten Meinungen beruhen, ihrem Wesen nach also dialektisch sind: «Wahr und ursprünglich ist alles, was seine Überzeugungskraft nicht durch anderes hat, sondern durch sich selbst. [...] Anerkannt dagegen ist, was entweder alle meinen oder die meisten oder die Weisen, und von diesen entweder alle oder die meisten oder die anerkanntesten» [4, 100b]. Hierzu auch KOPPERSCHMIDT: «Die 'Wahrheit' dialektischer Prämissen ist an ihre Geltung geknüpft, die nur über die *Zustimmung der kommunizierenden Partner* zu ermitteln ist» [65, S. 127, kursiv von mir]. Damit aber sind die Gründe menschlichen Handelns der wissenschaftlichen Objektivierung entzogen, was ARISTOTELES in seiner *Nikomachischen Ethik* [2, 1104a] mit der Unerforschbarkeit menschlicher Motive, der Verschiedenheit der Einzelfälle, den Erfordernissen des Augenblicks usw. begründet, und wofür er, ebenfalls in der *Nikomachischen Ethik* (1139b), den prägnanten Begriff der *Möglichkeit des Andersseins* einführt.

Wie also handeln, wenn sich die zu verändernde Wirklichkeit nicht objektiv erfassen läßt und stets die Möglichkeit eines Andersseins besteht? Hier bietet sich für ARISTOTELES die Beratung als Ausweg an: «Zur Beratung ziehen wir andere hinzu bei wichtigen Entscheidungen, wenn wir uns allein die rechte Erkenntnis nicht zutrauen. Die Beratung gilt auch nicht den Zielen, sondern den Mitteln [...] wie und durch welche Mittel es [das Ziel] verwirklicht wird» [2, 1112b]. Beratung ist somit ein Suchen nach Problemlösungen. Dazu aber muß man die dialektischen Prämissen (siehe oben) kennen, aus denen das Problem resultiert. Unserer Thematik kommt VIEHWEG [104] am nächsten, der von der Topik als einem *prämissensuchenden Verfahren* spricht, also einer Suche nach der Gesamtheit der Annahmen, Voraussetzungen, Erwartungen – eben dem Bild der Welt, wie sie sein *sollte* – aus denen sich das Problem überhaupt erst ergibt.

Mit dem Weltbild, dem «Soll-Zustand» der Welt, hat es seine eigene Bewandtnis, über die EPIKTET in seinem an Prägnanz unübertroffenen und oft zitierten Aphorismus sagt: «Nicht die Dinge selbst beunruhigen uns, sondern die *Meinungen,* die wir über die Dinge haben»; oder in den Worten Hamlets: «An sich ist kein Ding weder gut noch schlecht; *das Denken macht es erst dazu* [1]. Demnach also gäbe es eine Wirklichkeit, die objektiv, «da draußen» und unabhängig von mir existiert (die Wirklichkeit erster Ordnung); und ferner eine subjektive, die das Ergebnis meiner «Meinungen» und meines Denkens über erstere ist – also meines *Bildes* von ihr (die Wirklichkeit zweiter Ordnung) [2]. Hierzu JASPERS: «Die Welt ist, was sie ist. Nicht die Welt, sondern nur unser Wissen kann wahr oder falsch sein.» [57, S. 627] – Daß die Welt *an sich* menschlichem Erfassen unzugänglich ist, darüber sollten aber spätestens seit KANT kaum Zweifel bestehen. Wenn wir also von *der* Wirklichkeit sprechen und an

---

[1] Auch der junge MARX schlug sich mit diesem Widerspruch herum. Für ihn ist er freilich ein nur dem Idealismus innewohnendes Grundübel. In einem Brief an seinen Vater übt er 1837 Selbstkritik an einem seiner rechtsphilosophischen Versuche und schreibt: «Vor allem trat hier derselbe Gegensatz des Wirklichen und des Sollenden, der dem Idealismus eigen, sehr störend hervor ...» [71].

[2] Nicht auf das Denken, sondern die Wirkung der Wörter bezogen, drückt Schneider ungefähr denselben Gedanken sehr prägnant aus, wenn er feststellt: «Raketen schrecken nur dann ab, wenn Wörter glaubhaft machen, daß die Raketen abgeschossen werden würden» [89, S. 109].

37

ihr leiden, so handelt es sich dabei um eine Konstruktion, deren Ursprung und Prämissen wohl buchstäblich nur dem lieben Gott bekannt sein dürften; eine Konstruktion, von der wir vergessen haben, daß wir selbst ihre Architekten sind – wenn wir das überhaupt je wußten – und die wir nun «da draußen» als vermeintlich unabhängige, «wirkliche» Wirklichkeit erleben [109] [3]. Oder, um es in den währschaften Worten des Chors in MAX FRISCHS eingangs zitierten *Biedermann und die Brandstifter* zu wiederholen: «Blödsinn, der nimmerzulöschende jetzt, Schicksal genannt.»

Ein Weltbild stellt also die umfassendste, komplexeste Synthese der Myriaden von Erlebnissen, Beeinflussungen durch andere, daraus abgeleiteten Deutungen, Überzeugungen, Zuschreibungen von Sinn und Wert an die Gegenstände unserer Wahrnehmungen dar, deren der Betreffende fähig ist – es ist im eigentlichsten und unmittelbarsten Sinne der Ergebnis von Kommunikation, wie ich das an anderem Orte [109] zu zeigen versucht habe. Es ist nicht *die Welt,* sondern ein Mosaik von Einzelbildern, die heute so, morgen so geordnet werden können; ein Muster von Mustern; eine Deutung von Deutungen; das Ergebnis unablässiger, außerbewußter Entscheidungen darüber, was in diese Deutungsdeutung aufgenommen werden kann und *darf,* und was verworfen werden muß; von Entscheidungen, die ihrerseits bereits auf den Konsequenzen früher getroffener Entscheidungen beruhen [4].

NIETZSCHE bereits wußte von der lebenserfüllenden oder vernichtenden Macht der Weltbilder, wenn er feststellte, daß, wer ein *Warum* zum Leben hat, fast jedes *Wie* erträgt. Und ein mir leider nur vom Hörensagen bekanntes, aber durchaus glaubhaftes Experiment beweist, daß auch Tiere auf Gedeih und Verderb von ihren Weltbildern abhängen. Demnach sollen Ratten, die ins Wasser fallen und durch Herumschwimmen «feststellen», daß keine Möglichkeit des Herauskletterns besteht, lange vor Eintreten der körperlichen Erschöpfung sterben. Wird eine solche Ratte dagegen aus dem Wasser geholt, so führt diese Rettung zu einem entscheidenden Wan-

---

[3] Im Grunde habe ich bisher nur in schlampigerer Sprache das beschrieben, was ALFRED ADLER [1] mit seinem Begriff der *Leitlinie,* PIAGET [74] entwicklungspsychologisch, KELLY in seiner *Psychologie der persönlichen Konstruktionen* [61], BATESON in seiner Arbeit über Weltbilder [9], BERGER und LUCKMANN [11] von der Soziologie her, vor allem aber mein Freund HEINZ VON FOERSTER [30, 31] auf der Basis seiner kybernetischen Epistemologie definierten.
[4] Welches auch immer seine «Gründe» sein mögen, der Melancholiker sucht sich aus der Welt das Elend zusammen, das auch uns zur Konstruktion unserer Wirklichkeit zweiter Ordnung zur Verfügung stünde. – Dagegen leben mein Hund und meine Katze mit Bildern der Wirklichkeit, die nicht nur für ihr Überleben, sondern auch für ihr Wohlbefinden durchaus genügen dürften, für mich aber völlig unzureichend wären.

38

del ihres «Weltbildes»: statt nun beim Erkennen der Ausweglosigkeit aufzugeben und zu sterben, schwimmt sie bei Wiederholung des Experiments
unentwegt bis zur totalen Erschöpfung weiter. Handelte es sich um einen
Menschen, so wäre die Annahme kaum absurd, daß sein Glaube an eine
rettende, höhere Macht ihn zu dieser Leistung befähige. Und weiter zu
diesem Thema sei erwähnt, daß sich in der Onkologie (der Lehre von den
Geschwülsten) die Ansicht langsam durchsetzt, daß jene Krebskranken,
die sich in scheinbar «unreifer» Haltung gegen die Krankheit wehren, sie
hassen und sich gegen den Gedanken des Todes verbissen sträuben, weitaus bessere Aussichten auf Remission haben, als jene, die sich in anscheinend reifer Gelassenheit auf den Tod vorbereiten. (Mehr darüber auf
S. 52.)

Man mag all diesen Überlegungen skeptisch gegenüberstehen, besonders wenn man sie in typisch linkshemisphärischer Sicht als unpräzis und
pseudophilosophisch verurteilt. Daß es sich dabei aber nicht um unwis-
senschaftliche Oberflächlichkeiten, sondern um eine wesentlich tiefere
Problematik handelt, hat bereits SCHRÖDINGER klar ausgesprochen: «Je-
dermanns Weltbild ist und bleibt eine geistige Konstruktion; seine Existenz kann in keiner anderen Weise nachgewiesen werden» [90, S. 44].
Weltbilder sind der orthodoxen wissenschaftlichen Objektivierung vor
allem deshalb entzogen, weil sie unvermeidlicherweise ihr Subjekt (den
Beobachter oder Beschreiber) beinhalten müssen und daher in die der
Logik wohlbekannten Probleme paradoxer Selbstrückbezüglichkeit führen.
«Alles Wahrsein ist in der Spaltung von Subjektivität und Objektivität»,
postuliert JASPERS und erklärt:

Wohl ist der ständige Antrieb in uns beim wissenschaftlichen Forschen, die Welt
zu betrachten, als ob ich, der Erkennende gar nicht darin und dabei sei; wir möchten die Welt erforschen unter Ausschluß dessen, daß wir es sind, die sie erkennen
[57, S. 628].

Und weiter oben stellt er fest:

Durch das Erkennen fällt die Welt gleichsam zusammen zu bestimmten Weltbildern. Zumal die modernen Weltbilder der exakten Naturwissenschaften brachten
jedesmal die Suggestion, in dem so Erkannten die Welt im Ganzen und in ihrer
eigentlichen Wirklichkeit zu sehen [...]. Aber kritische Wissenschaft läßt gerade
alle Weltbilder zerfallen [57, S. 91] 5.

Eine völlig subjektfreie Welt, d. h. eine Welt, aus der in Befolgung der
wissenschaftlichen Forderung nach absoluter Objektivität alles Subjektive

---

5 Man vergleiche hierzu beispielsweise FREUDS Überzeugung, die die Epistemologie seiner Zeit widerspiegelt, es gebe «wenigstens in den älteren und reiferen
Wissenschaften schon heute einen soliden Grundstock, der nur modifiziert und
ausgebaut, aber nicht mehr abgetragen wird» [34].

verbannt würde, wäre – wenn eine solche Objektivierung überhaupt erreicht werden könnte – nicht mehr wahrnehmbar und daher jeder Untersuchung entzogen. VON FOERSTER verweist auf diese paradoxe Situation, wenn er betont:

... eine Beschreibung der Welt setzt jemanden voraus, der sie beschreibt (beobachtet). Was wir also brauchen, ist die Beschreibung des «Beschreibers» oder, in anderen Worten, wir brauchen eine Theorie des Beobachters [31, S. 1].

Und hierzu stellte auch SCHRÖDINGER schon fest:

Der Grund, weshalb unser empfindendes, wahrnehmendes und denkendes Ich nirgendwo in unserem wissenschaftlichen Weltbild angetroffen werden kann, läßt sich leicht in sechs Worten ausdrücken: *Weil es selbst dieses Weltbild ist.* Es ist identisch mit dem Ganzen und kann daher nicht in ihm als Teil enthalten sein [90, S. 52, kursiv von mir] [6].

Damit sind wir nun an dem Punkte, an dem die beiden bisher entwickelten Hauptthemen – die Ergebnisse der Hemisphärenforschung und der Begriff des Weltbilds – zusammengebracht werden können: *Die Übersetzung der wahrgenommenen Wirklichkeit in eine Gestalt, dieses Zusammenraffen des Erlebens der Welt in ein Bild, ist zweifellos die Funktion der rechten Hemisphäre.* Der linken dürfte die Rolle der Rationalisierung des Bildes zufallen, die Trennung des Ganzen (des *Pleromas* der griechischen Philosophie) in Subjekt und Objekt, die «Objektivierung» der Wirklichkeit, sowie das Ziehen der nun (ganz im Sinne der *Brandstifter)* scheinbar unausweichlichen Konsequenzen, die dann in selbsterfüllender, selbstbestätigender Weise das Bild in praktisch unendlichem Regreß so starr festigen, daß, was immer dem Bilde widersprechen mag, nicht mehr zu seiner Korrektur, sondern zu seiner weiteren Austüftelung führt [7].

---

[6] Mit dieser Feststellung geht Schrödinger allerdings über Jaspers hinaus, der am Enthaltensein des Ichs in der Welt festhält:
Wir selbst sind in der Welt ein Teil der Welt [...]. Die Welt im Ganzen ist nicht in uns gegenwärtig. Wir sind nicht alles [57, S. 92].
[7] GERALD HOLTON, eine führende Autorität auf dem Gebiet der Wissenschaftsgeschichte, der eine Methode der thematischen Analyse wissenschaftlicher Weltbilder entwickelt hat, weist dieselbe Problematik im Leben großer Wissenschafter nach. Demnach kommen bestimmte Themen schon in der frühen Kindheit zur Ausbildung. In einem kürzlichen Interview an der Stanford-Universität drückte er dies wie folgt aus:
In jenen Lebensabschnitten bildet sich die wissenschaftliche Vorstellungskraft aus und ergibt sich die Festlegung auf ein bestimmtes Thema. Diese Festlegung kann im späteren Leben geändert werden, doch scheint dies schwierig zu sein. Meist wird die Entscheidung schon früh getroffen, für nützlich befunden, und bleibt dann lange Zeit, selbst sie widersprechenden Tatsachen gegenüber, bestimmend [52].

40

Um diese scheinbar unveränderliche Wirklichkeit zu ändern, muß man erstens wissen, *was* geändert werden muß (d. h. man muß das Weltbild des Betreffenden erfassen), und zweitens, *wie* dieser Wandel rein technisch erzielt werden kann. (Man beachte die Abwesenheit der Frage *warum?*, also des kausal-eruierenden, aufdeckenden, kurz: des tiefenpsychologischen Ansatzes.) Aus diesen beiden Voraussetzungen ergeben sich entscheidende Schlußfolgerungen für die *Sprache* und die *Technik* der Psychotherapie.

Was die *Sprache* betrifft, so dürfte es nun klar sein, daß wir – wie Monsieur Jourdain seine Prosa – sie immer schon kennen. Es ist die Sprache der rechten Hemisphäre. In ihr drückt sich das Weltbild aus, und sie ist daher auch der Schlüssel zum In-der-Welt-sein und des An-der-Welt-Leidens eines Menschen.

Damit aber enthüllt sich die Unzweckmäßigkeit eines Vorgehens, das im wesentlichen darin besteht, diese analogische Sprache konsequent in die digitale Sprache der Erklärung, Begründung, Analyse, Deutung, Konfrontierung usw. zu übersetzen [8]*, und das durch diese Übersetzung den Fehler wiederholt, dessentwegen der Patient in die Therapie kam – statt umgekehrt die rechtshemisphärische Sprache des Patienten zu erlernen und als den Königsweg therapeutischen Wandels zu beschreiten.*

Zur *Technik* stehen dazu drei Möglichkeiten offen, die in der Praxis in verschiedenen Mischungsgraden auftreten können:

1. die Verwendung rechtshemisphärischer Sprachformen;
2. die Blockierung der linken Hemisphäre;
3. gezielte Verhaltensverschreibungen.

So wichtig sind meines Erachtens diese drei Möglichkeiten, daß jeder von ihnen eines der folgenden Kapitel gewidmet ist.

---

[8] Hierzu STAROBINSKI:
... wenn die rationalistische Tätigkeit der Psychoanalyse sich den Träumen oder den neurotischen Symptomen zuwendet – und besonders wenn sie sich den Träumereien der Dichter zuwendet –, besteht sie in einer Lesung und einer Übersetzung: Es handelt sich um den Übergang von einer Sprache in eine andere, von der rätselhaften Sprache der Symbole in die klare Sprache der Deutung; dies setzt die Kunst der Dechiffrierung oder der Entschlüsselung voraus, die sich auf der Kenntnis des Vokabulars, der Grammatik, der Syntax, der Rhetorik dieser Sprache aufbaut, in der sich – zwischen Unbewußtem und Bewußtem – der Wunsch ausdrückt. Und in dem Maße, in dem die Lesung fortschreitet, vermindert sich der Anteil des Geheimnisvollen [101, S. 269].

Rechtshemisphärische Sprachformen

> Tatsachen haben ihre eigene Aussprache –
> in jeder Sprache eine andere.
> WIESLAW BRUDZÍNSKI

Wir kommen nun zu rein praktischen Überlegungen. Wie im Vorwort erwähnt, möchte dieses Buch eine Art Kreuzung zwischen Grammatik und Sprachführer sein; es kann daher unmöglich einen Katalog bestimmter sprachlicher Interventionen geben, die in bestimmten Therapiesituationen anzuwenden wären. Das Wesen einer Grammatik besteht ja gerade darin, daß sie nicht alle in einer Sprache möglichen Wortkombinationen (Sätze) zu geben versucht, sondern vielmehr die Regeln aufzeigt, deren Kenntnis und Befolgung die freie Konstruktion jedes (zulässigen) Satzes ermöglichen. Da diese Regeln aber ihrerseits wieder am besten durch Beispiele dargestellt werden können, und da durch sie die «Grammatik» der rechten Hemisphäre erläutert werden soll, scheint es mir am vorteilhaftesten, den Rahmen der Exemplifizierungen nicht zu eng zu ziehen. Es sei wiederholt: es geht um das Verstehen von *Regeln;* ihre *Anwendung* muß dem Können, der Findigkeit und der Geistesgegenwart des Therapeuten überlassen bleiben.

Größere Anleihen werde ich allerdings aus dem Gebiet der Hypnose (und vor allem dem genialen Können MILTON H. ERICKSONS) machen, jener rechtshemisphärischen Intervention *par excellence,* bei der die Fähigkeit, ungewöhnliche Sprachformen zu verwenden, schon immer entscheidend, wenn auch bis in die neueste Zeit herein kaum untersucht war. Viele andere Beispiele aber stammen aus dem allgemeinen, alltäglichen Sprachgebrauch, können aber ihrer Struktur nach unmittelbar in die Sprache der Therapie übernommen werden und sind Beispielen aus der psychotherapeutischen Praxis insofern vorzuziehen, als sie keine langen, kontextlichen Beschreibungen erfordern. – Die Teilung der Materie in mehrere Unterabschnitte soll zu ihrer einigermaßen systematischen Darstellung beitragen.

Die Untergangster des Abendlandes

Mit welchem Mindestmaß an digitaler Sprache man selbst in unserer modernen Welt auskommen kann, beweist der von JEAN GIONO beschriebene Prozeß gegen den französischen Landwirt Gaston Domenici. Ihm wurde zur Last gelegt, am 5. August 1952 in der Nähe seines Hofes bei Lurs in der Haute Provence den britischen Gelehrten Sir Jack Drummond, seine Frau und seine Tochter ermordet zu haben. In bezug auf die Sprache des Angeklagten, eines 72jährigen Patriarchen, der seine Familie mit eiserner Hand beherrschte, schreibt GIONO:

> Der Angeklagte hat nur einen [Wortschatz] von dreißig bis fünfunddreißig Worten, nicht mehr. (Ich habe sie, Satz für Satz, wie er sie im Verlauf der Sitzungen aussprach, gezählt.) Der Vorsitzende, der Staatsanwalt, sein Vertreter usw. verfügen über Tausende von Worten, um sich auszudrücken [42, S. 61–2] [1].

Die Sprache der Träume und Fehlleistungen, Märchen und Mythen, der Hypnose, des Wahns und anderer, ähnlicher Manifestationen (jene Sprache, die sich daher als natürlichster Schlüssel zu diesen Bereichen anbietet, in denen allein therapeutischer Wandel stattfinden kann), ist uns seit eh und je als ungewöhnlich dicht und sinngeladen bekannt. Man denke zum Beispiel an FREUDS Behandlung von Irmas Traum in der *Traumdeutung:* der Traum selbst nimmt einen Absatz, seine Deutung mehrere Seiten ein.

Die ungeheure Verdichtung und Potenzierung, die sich aus der absichtlichen Verwendung anscheinend archaisch-primitiver und gleichzeitig ganzheitsschaffender Sprachformen ergibt, leuchtet im Werk eines so dämonischen Beherrschers der Sprache wie KARL KRAUS immer wieder auf. An einer Stelle (in der Zeitschrift *Die Fackel)* bezieht er sich auf die Nazi als *die Untergangster des Abendlandes.* Es mag meinen jüngeren Lesern vielleicht nicht bekannt sein – und sei hier deshalb erwähnt –, daß OSWALD SPENGLERS berühmtes Werk, *Der Untergang des Abendlandes,* von den Nazi-Ideologen als besonders verwerfliches Produkt dekadenter Philosophie verdammt worden war [2]. KARL KRAUS, der unermüdlich vor der Gefahr des Nationalsozialismus für die zivilisierte Welt warnte, verdichtete *Untergang* mit *Gangster,* gab damit dem Buchtitel und seiner zeit-

---

[1] Gegen dieses Beispiel ließe sich natürlich einwenden, daß es sich um einen «primitiven» Menschen handelt, dessen kommunikatives Verhalten sich niemals über ein Mindestmaß hinaus ausbilden konnte. Dem widersprechen aber merkwürdige, überraschende Eröffnungen Domenicis; besonders dann, wenn seine archaischen Begriffe von Ehre berührt werden oder er dem Gericht (das ihm wie eine Instanz von einem anderen Planeten erschienen sein muß) sein in-der-Welt-Sein klarmachen möchte. An einer Stelle ruft er plötzlich aus: «Mich hat man wie ein Schaf im Schafstall behandelt», beschreibt, daß er dann in sechs weiteren, perfekten Sätzen sein Leben als einsamer Schafhirte beschreibt [42, S. 114].

[2] Wieso das Buch in so hohen negativen Ehren stand, brauchte dank seiner Verbrennung nicht näher begründet zu werden und blieb daher ein Rätsel, das selbst seinen Verfasser verblüffte und zum köstlichen Aphorismus veranlaßte: «*Der Untergang des Abendlandes* – das Buch, von dem mein Führer den ganzen Titel gelesen hat.»

genössischen Bedeutung einen ganz neuen Sinn, hängte die Nazi sozusagen an ihrem eigenen Strick, und unterstellte außerdem, daß sie sogar im Bereich des absolut Bösen minderwertig waren. *Untergangster* statt *Untergang* – vier zusätzliche Buchstaben, aber welche Fülle von völlig geändertem Sinn; wie «sitzt» das doch ganz anders als meine mühselige, trockene, zerebrale Erklärung!

Vor dieser zerebralen Sprache wird gewarnt – und nicht nur in der Therapie, wo sie ihre speziellen Blüten treibt. Wo sie auftritt, «stimmt» es eben irgendwie nicht. Hierzu gleich ein weiteres Beispiel: Der Wiener Schriftsteller HANS WEIGEL ist der Verfasser eines amüsanten *Antiwörterbuchs*, in dem er sich unter dem Titel *Die Leiden der jungen Wörter* mit modernen Sprachmonstrositäten befaßt. Nur wer nie von den sentimental-tragischen, sturm-und-drängerischen *Leiden des jungen Werthers* gehört hat, wird dieser ganz unmittelbar ansprechenden Titelvariante verständnislos gegenüberstehen. Welche Einschätzung das Antiwörterbuch in gewissen Kreisen fand, beweist WEIGEL durch den Abdruck einer Kritik, die kurz nach der Veröffentlichung der ersten Ausgabe des *Antiwörterbuchs* erschien und in folgender linkshemisphärischer Orgie endet:

Mit einem Wort: Ein Beitrag zur bewußtseinsstagnierenden Alternativdynamisierung kapitalistoider Destruktionsmechanismen im Sinne reintegrierter formalsyntaktischer Ausformungen informationsverändernder Kommunikativtheoreme [112][3].

Noch unmittelbarer umreißt MAGI WECHSLERS «Definition» auf Seite 45 die Hoffnungslosigkeit von Übersetzungen aus der Sprache des Bildes in die Sprache der Logik[4], womit bereits das noch zu streifende Phänomen der Karikatur angetönt ist.

Doch zurück zum Begriff der Verdichtung. Es scheint kaum an den Haaren herbeigezogen, ihren absichtlichen Gebrauch sozusagen als Primärprozeß in umgekehrter Richtung aufzufassen – also von «außen» nach «innen». Wenn KARL KRAUS in die patriotische Euphorie nach Ausbruch des 1. Weltkriegs «einstimmt», indem er (zu einem Zeitpunkt, da die k. und k. Armee in den Weiten Galiziens zu verbluten drohte) in der *Fackel* ausruft: «Ja, es ist ein chlorreicher Krieg», oder wenn er in der Nachkriegszeit über *Ohnmachthaber, Hakenkreuzottern* oder *Mißtrauensmänner* schreibt, so erzielt er damit eine viel brisantere Wirkung, als es lange

---

[3] Hierzu kommt einem sofort wieder KARL KRAUS in den Sinn, der in einem offensichtlich analogen Zusammenhang einmal in der *Fackel* schrieb: «Wer dieses Moskauderwelsch versteht, blickt mit berechtigtem Stolz auf die übrige Menschheit herab.»

[4] WECHSLERS Zeichnung hat natürlich einen unvermeidlichen Schönheitsfehler: *Kunst* ist selbst immer noch ein digitales Wort.

44

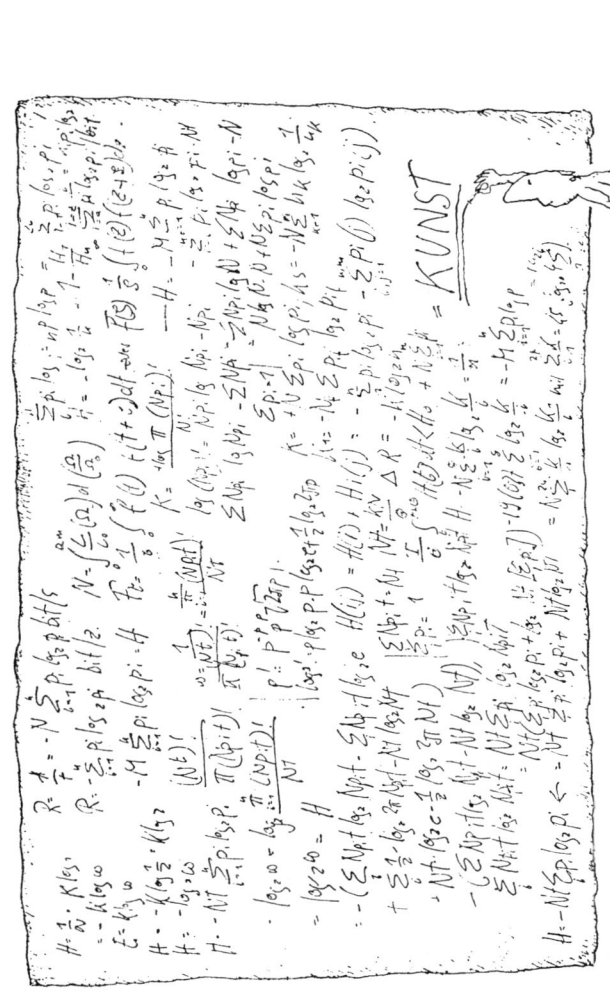

Abbildung 1: *Definition*. Von MAGI WECHSLER

45

Erklärungen und feinsinnige Argumente vermöchten. (WAGENKNECHT [106] zählt 30 Wortspiele auf den 26 Seiten des ersten Hefts der *Fackel.)* Und Schneider [89, S. 242] erwähnt den unbekannten Spötter, der die Psychoanalyse den *Genitalmud* nannte.

JAMES JOYCE, der unzählige solcher Verdichtungen und Vermischungen verwendete, muß hier wenigstens kurz erwähnt werden; etwa wenn er im *Ulysses* von *syphilisation* statt *civilisation* spricht, oder wenn er in *Finnegans Wake* durch die Verwendung des Ausdrucks *freudful mistakes* es der Phantasie des Lesers überläßt, darunter FREUDsche Fehlleistungen, bzw. lustige (freudvolle), schreckliche (frightful) oder ergiebige (fruitful) Fehler zu verstehen.

Oder ein Beispiel aus der Feder ARNO SCHMIDTS, dessen geniale Wortmagie, genau wie die JAMES JOYCES, indoeuropäische Breite hat:

«Bunteste Reklamen Wahns-packardisierten aus einem Sektor von mindestens 270°» (Beschreibung eines «Wildost-Lädchens» an der deutschen Zonengrenze mit durchsichtiger Anspielung auf VANCE PACKARDS *Geheime Verführer); gleich darauf eine Aufzählung der dort erhältlichen Ware als «compro-mies» *(compro* heißt in den romanischen Sprachen bekanntlich «ich kaufe»); anwesend ist ein «camembärtiger Alter»; jemand verlangt: «Für 'ne Marc Chagallade –»; und «'bildungsmäßich' befindet sich das Deutsche Mensch ja auf dem Nie-Wo von 1840» [88].

Was bei JOYCE und SCHMIDT Kunstform ist, dürfte beim sogenannten Schizophrenen mit seinen unendlichen Wortspielen, Verdichtungen und Übertragungen eine Abwehr dagegen sein, in seinen Mitteilungen auf eine bestimmte Bedeutung festgelegt und dafür verantwortlich gemacht zu werden. Das schizophrene Kalauern ermöglicht es einem ja, im Notfall behaupten zu können, daß die beanstandete Bedeutung eben nicht die Bedeutung war, die man im Sinne hatte – ja, der schlagfertige Patient (der zugegebenerweise nicht allzu häufig anzutreffen ist), kann sogar Befremden darüber ausdrücken, wie sein Gesprächspartner es bloß zu einer so verschrobenen Deutung dessen bringen konnte, was er so klar ausgedrückt hatte.

In diesen feinen Nuancierungen und Verschiebungen liegt auch das Wesen des *Witzes,* einer weiteren, wichtigen Sprachform, deren therapeutische Wirkung weit über jener so mancher tierisch ernster psychiatrischer Deutung liegt. Es spricht für die Macht und den Geist des Witzes, daß Diktatoren und totalitäre Regime – und neuerdings auch allzu zartbesaitete Politiker in Demokratien – ihn fürchten wie der Teufel das Weihwasser. Wenn Hitler vom Größten Feldherrn Aller Zeiten zum *Gröfaz* verdichtet wurde, so fiel dies unter das Heimtückegesetz und beweist, daß die Summe zweier an sich harmloser Dinge (die damals schon so beliebte Akrostichierung und des Führers militärischer Ehrentitel) alles andere als harmlos sein kann [5]. Und wenn MAUTHE [72] uns Österreicher als die *Irrelevantiner des Westens* bezeichnet, so ist auch hier in bloß drei Worte mehr Sinn hineinkomprimiert, als eine lange und letzthin leere Erklärung je vermitteln könnte.

Eben dadurch, daß der Witz sich souverän über Sinn und Logik einer bestimmten Weltauffassung hinwegsetzt, erschüttert er die Ordnung jener Welt und kann so zum Instrument des Wandels werden. Und deshalb ist es merkwürdig, daß FREUD, der Autor der vielleicht klassischsten Studie über dieses Thema – *Der Witz und seine Beziehung zum Unbewußten* –, ihn nur als «Einbahnstraße» sieht, d. h., vom Unbewußten ins Bewußte führend; daß er aber die naheliegende Schlußfolgerung, die Sprache des Witzes *umgekehrt* zur Kommunikation mit dem Unbewußten zu verwenden, nicht zieht. Zu sehr scheint er unter dem Einfluß seiner Maxime gestanden zu sein, daß, wo Es war, Ich sein soll. Davon abgesehen ist sein Buch über den Witz ein wahrer Katalog von Witzformen, und seine Lektüre nicht nur unterhaltend, sondern in seiner Anwendbarkeit auf die Sprache der Therapie sehr lehrreich. Dies gilt auch für zwei andere, modernere Werke aus der praktisch unübersehbaren Fülle von Literatur zu diesem Thema: KOESTLERS *Göttlicher Funke* [64] und FRYS *Sweet Madness* [35].

Witze setzen sich, wie gesagt, respektlos über scheinbar unerschütterliche Ordnungen und Weltbilder hinweg [6]. Vielleicht erklärt dies auch, weshalb seelisch leidende Menschen schon halb aus ihrem Leiden heraus zu sein scheinen, wenn sie es fertigbringen, über ihr Problem zu lachen. «Er lachte, um seinen Geist aus der Gefangenschaft seines Geistes zu befreien», schrieb JAMES JOYCE einmal. Lachen scheint sich als die unmittelbarste Reaktion dann einzustellen, wenn wir nach einer langen Nacht der

---

[5] Die Gestapo hatte eine eigene Witzabteilung (man verzeihe mir dieses gräßliche *non sequitur*), deren Aufgabe es war, die Urheber politischer Witze auszuforschen. Witze sind eben politisches Dynamit, dessen Herstellung und Besitz streng verboten war (und in weiten Gebieten der Welt noch ist). Logischerweise suchte man also nach ihrer Untergrundfabrik. Daß gerade der Witz Ausdruck des mit Vorliebe in Anspruch genommenen «gesunden Volksempfindens» gewesen sein könnte, war linkshemisphärisch nicht einzusehen.

[6] Als Beispiel ein Witz, den VIKTOR FRANKL gerne in seine Vorträge einflicht: Im 1. Weltkrieg sitzen ein aristokratischer Oberst und sein jüdischer Regimentsarzt unter schwerem russischem Trommelfeuer im Gefechtsstand des Regiments. Der Oberst schaut den Arzt an und sagt halb spöttisch, halb mitleidig: «Na, gib's doch zu, daß du Angst hast. Da zeigt sich eben doch die Unterlegenheit der jüdischen Rasse». Darauf der Arzt: «Ja, Angst hab ich wirklich. Was das aber über Rassen beweist, weiß ich nicht. Denn wenn du, Herr Oberst, solche Angst hättest wie ich, wärst du schon längst davongelaufen». Und mit dieser formallogisch überaus komplexen Antwort demoliert er nicht nur ein Vorurteil, sondern dreht den Spieß um.

47

vermeintlichen Auswegslosigkeit die Morgenluft der Freiheit wittern. Der Held in HERMANN HESSES Roman *Steppenwolf* lacht am Ende seiner Odyssee durch das Magische Theater, als er einsieht, daß die Wirklichkeit lediglich in der Wahl einer von vielen, stets offenen Türen besteht. Und nicht anders scheint es dem Zen-Schüler im Moment der Erleuchtung zu ergehen – er lacht.

Bildhafte Sprachformen

Der Traum ist ein Ausdruck der rechten Hemisphäre [7]. Über die Sprache des Traumes und ihre Übersetzung besteht eine noch umfangreichere Literatur als über den Witz. Und wiederum überrascht es, daß es – mit einer wichtigen Ausnahme – bis in die neueste Zeit herein bei dieser «Einbahn»-Übersetzung blieb, und daß die Idee einer bewußten Verwendung dieser Sprache, also einer Rückübersetzung zum Zwecke der Änderung eines Weltbildes, niemals ernsthaft in Erwägung gezogen wurde. Die eben erwähnte Ausnahme ist natürlich die Hypnotherapie, die sich seit längster Zeit bildhafter Sprachformen bedient und für die die Beherrschung dieser Bildersprache für den Erfolg therapeutischer Interventionen ausschlaggebend ist [8].

---

[7] So berichtet BOGEN [14, S. 149 Fn.], daß mehrere seiner Patienten nach Durchtrennung des Balkens nicht mehr träumten, während sie vor der Kommissurotomie lebhafte Träume hatten. Selbst wenn es sich dabei nur um die Unfähigkeit handeln sollte, Träume verbal zu evozieren, würde dies an BOGENS Beobachtung nichts wesentlich ändern. – In einem kürzlich veröffentlichten Resumé verweist Bakan [6] auf weitere Forschungsergebnisse, die die Annahme unterbauen, daß Träumen eine Funktion der rechten Hemisphäre ist.

[8] Selbst in diesem sehr skizzenhaften Rahmen darf freilich nicht unerwähnt bleiben, daß Ansätze zum hier beschriebenen Gebrauch der Sprache in verschiedenen Therapieschulen verwendet werden. Daß der *Ausdruck* des inneren Dramas therapeutische Wirkung hat, wurde bereits von ARISTOTELES in der *Poetik* beschrieben; dies findet seine moderne Anwendung im Psychodrama, der Gestalttherapie und der sogenannten Psychosynthese. Zum überwiegenden Teil handelt es sich hier aber doch um Methoden des Auslebens, der Abreaktion, des Bewußtwerdens der Innenwelt und in nur geringem Maße darum, wovon das vorliegende Buch handelt – nämlich vom umgekehrten Weg, von *außen* nach *innen* in der Sprache der Innenwelt.

Eine wesentliche Ausnahme ist ROSEN, der Begründer der *Direkten Analyse*, dessen ungewöhnliche klinische Intuition ihm das Eintreten in die Wahnwelt seiner Patienten ermöglicht. Einige seiner hochinteressanten Behandlungsmethoden sind vor allem in Kapitel 7 seines Buchs [85] beschrieben.

In diesem Zusammenhang ist auch BRUNO BETTELHEIMS neuestes Buch, *The Uses of Enchantment*, zu erwähnen, das von der Verwendung von Märchen im therapeutischen Dialog handelt. BETTELHEIM gibt darin viele Beispiele dafür, wie Kinder (und auch die märchenerzählenden Erwachsenen) ein Märchen je nach den

48

Wie oft «verstehen» wir Träume? Und was kann man über traumhafte Werke, wie etwa BUÑUELS Filme, *Le charme discret de la bourgeoisie* oder *Le phantôm de la liberté*, «sagen», von den wir vielleicht nur «wissen», daß sie keine Frotzelei sind, sondern uns irgendwie merkwürdig ergreifen? Dasselbe gilt für eine Kunstform wie den Wiener Phantastischen Realismus. Freilich ist das der gemeinsame Nenner aller Kunst, doch handelt es sich hier um bildhafte Ausdrucksformen, die sich der logischen, vernunftsmäßigen Erfassung ihres Sinngehalts besonders weitgehend entziehen. In der Belletristik ist es nicht anders. Hierzu ein Beispiel aus HEINZ WEDERS Roman, *Der Makler*, einem Buch von geradezu klassisch evokativ-traumartiger Sprache:

... Da, drei vier Häuser, eine verwitterte Kneipe, ich trete ein, der Wein ist unübertrefflich, die Essenz des Sommers, Tage aus Erz und schwarzen Ornamenten, Salamander-Schlucht, ich frage nach einigen Namen, Gelächter, [...] ein Hund bellt, die Sonne schwimmt im metallenen Blau der Phosphorfelsen, die Glocken läuten, ich sehe den Priester, schwarze Figur, schwarze Figur aus Tusche, schwarze Figur aus Tusche und schwarzem Gelächter, rennt über die Straße, flüchtig grüßend, und dann ist er wieder da, in seinem Garten ... [111].

Hier wird nichts erklärt, hier wird evoziert; der Leser wird unmittelbar in die abgründige Mittagsstunde des Sommertags versetzt, er fühlt, sieht,

eigenen Bedürfnissen umgestalten können. Das Märchen bleibt aber für ihn der durch millionenfaches Erzählen zum Archetyp gewordene Ausdruck der Innenwelt, der «Beispiele für vorläufige oder endgültige Lösungen dringender Schwierigkeiten bietet» [12]. BETTELHEIM ist sich jedoch der Möglichkeit von bewußten, absichtlichen Änderungen eines Märchens je nach dem Bedürfnis des Kindes bewußt. Er belegt dies mit einer reizvollen Stelle aus BETTINA VON ARNIMS Buch, *Goethes Briefwechsel mit einem Kinde*. Bettina zitiert dort Goethes Mutter, die beschreibt, wie sie dem kleinen Johann Wolfgang Märchen erzählte:

Da saß ich, und da verschlang er mich bald mit seinen großen schwarzen Augen, und wenn das Schicksal irgendeines Lieblings nicht recht nach seinem Sinn ging, da sah ich, wie die Zornader an der Stirn schwoll, und wie er die Tränen verbiß. Manchmal griff er ein und sagte, noch eh ich meine Wendung genommen hatte: «Nicht wahr, Mutter, die Prinzessin heiratet nicht den verdammten Schneider, wenn er auch den Riesen totschlägt»; wenn ich nun Halt machte und die Katastrophe auf den nächsten Abend verschob, so konnte ich sicher sein, daß er bis dahin alles zurechtgerückt hatte, und so ward mir denn meine Einbildungskraft, wo sie nicht mehr zureichte, häufig durch die seine ersetzt; wenn ich denn am nächsten Abend die Schicksalsfäden nach seiner Angabe weiter lenkte und sagte: «Du hast's geraten, so ist's gekommen», da war er Feuer und Flamme und man konnte sein Herzchen unter der Halskrause schlagen sehen [5].

Ein moderner Meister in der Verwendung bildhafter Sprache ist MILTON ERICKSON, der dafür bekannt ist, auf die Fragen seiner Patienten (vor allem auf die typische Frage: «Was soll ich in dieser Situation tun?») mit weitausholenden, scheinbar völlig abwegigen Geschichten zu antworten. Meine Kollegen und ich vermuteten lange Zeit, daß die Figur des Don Juan in Carlos Castañedas Büchern in Wirklichkeit ERICKSON war – eine Vermutung, die er auf unsere Frage ausnahmsweise jedoch glatt (und nicht durch Erzählen einer Geschichte) verneinte.

riecht und hört ihn. – Und zum Vergleich einen Ausschnitt aus einer Tranceinduktion ERICKSONS; dieselbe Sprachstruktur, dieselbe Wirkung:

... und jener Briefbeschwerer; der Aktenschrank; Ihr Fuß auf dem Teppich; die Zimmerbeleuchtung; die Vorhänge; Ihre Hand auf der Armlehne des Sessels; der sich ändernde Fokus Ihrer Augen, wenn Sie im Raum herumblicken; die merkwürdigen Buchtitel; die Spannung in Ihren Schultern; das Gefühl des Sessels; die störenden Geräusche und Gedanken; das Gewicht der Hände und Füße, Gewicht der Probleme, Gewicht des Schreibtisches; die Akten vieler Patienten; das Auf und Ab des Lebens; Krankheit, Gefühle, Körperliches und Seelisches; der Friede der Entspannung; die Notwendigkeit, sich seiner Bedürfnisse anzunehmen; die Notwendigkeit, sich seiner Spannung anzunehmen, während man den Schreibtisch ansieht oder den Briefbeschwerer oder den Aktenschrank; das Wohlgefühl sich aus der Umwelt zurückzuziehen; Müdigkeit und ihr Entstehen; die Unveränderlichkeit des Schreibtisches; die Monotonie des Aktenschrankes; die Notwendigkeit, zu ruhen; das Wohlgefühl des Schließens der Augen; die Entspannung des tiefen Atmens; das Wohlgefühl, etwas passiv zu erfahren ... [24].

Man könnte freilich einwenden, daß der Sprache ERICKSONS nicht nur die ästhetischen Eigenschaften des vorhergehenden Zitats fehlen, sondern daß es sich um weitgehend leere Aufzählungen handelt. WEDER wie ERICKSON aber verwenden eine evokative Sprache, nur ist deren «Richtung» eine entgegengesetzte. WEDER evoziert von innen nach außen, indem er in der Innenwelt seines Lesers vorhandene Bilder sozusagen «abruft»; ERICKSON dagegen verwendet das in der unmittelbaren Umwelt Vorhandene und assoziiert es mit Empfindungen und Inhalten der Innenwelt, geht also von außen nach innen. Er tut dies, indem er aufmerksam das Verhalten seines Patienten beobachtet und mit dessen Wahrnehmungen genauestens mitgeht: dem Umherblicken im Zimmer; dem Verweilen des Blicks auf bestimmten Gegenständen, verbunden mit der Erwähnung augenfälliger Eigenschaften dieser Gegenstände (*«merkwürdige* Buchtitel», «die *Schwere* des Schreibtisches»); den Eindrücken und Körperempfindungen (Licht, sich verändernder Fokus der Augen, Empfindung des Sitzens, das Berühren der Armlehnen des Sessels mit den Händen, der Druck der beschuhten Füße auf dem weichen Teppich, usw.), von denen mit Sicherheit angenommen werden kann, daß der Patient sich entweder in diesem Augenblick ihrer bewußt ist oder, wenn nicht, sie ihm durch bloße Erwähnung bewußt gemacht werden können. Zu all dem kommt eine weiteres, wichtiges Element, das zwar nicht unter die Rubrik der bildhaften Sprache fällt, praktischerweise aber gleich hier erwähnt sei: die von ERICKSON in die Hypnotherapie eingeführte *Einstreutechnik (interspersal technique),* deren Anwendbarkeit auch für die allgemeine (d.h. nichthypnotische) Psychotherapie außer Frage steht.

Wie der Leser bereits festgestellt haben dürfte, enthält die eben erwähnte Tranceinduktion nicht nur Bezüge zum Verhalten des Patienten und zu den Gegenständen seiner unmittelbaren Umgebung, sowie zu seinen Körperempfindungen, sondern auch eine Reihe von subtilen, suggestiven Assoziationen zu tieferen Erlebnisbereichen und Denkvorgängen, wie störende Gedanken (deren Auftreten mit Sicherheit angenommen werden kann), emotionelle Spannung und Entspannung, Wirkliches und Rückzug aus der Wirklichkeit, die Krankengeschichten vieler Patienten und die naheliegende Assoziation, daß in diesem Raume schon viele Menschen mit verschiedensten Problemen Hilfe fanden, und vieles mehr. In den monotonen Fluß einer scheinbar leeren Aufzählung, deren Zweck wegen ihrer allzu offensichtlichen Selbstverständlichkeit einerseits unverständlich ist, andererseits unwichtig scheint, sind die eben erwähnten und in einfachster Sprache gehaltenen Suggestionen eingestreut. Oder anders ausgedrückt: Man stelle sich eine Buchseite vor, die nichts zu enthalten scheint als eine lange, belanglose, langweilige, ja einschläfernde Beschreibung, auf der aber gewisse Worte unterstrichen [9] sind. Werden die Worte nun in der Reihenfolge ihres Auftretens gelesen, so ergeben sie einen ganz anderen Sinn als die Buchseite, in der sie eingebettet sind. Das Erfassen dieses neuen Sinnes, dieser völlig anderen Gestalt, das Wahrnehmen des Vexierbildes dürfte aber eine rein rechtshemisphärische Fähigkeit sein, und die Einstreutechnik daher ein Zugang zu ihr. (Eine nähere Beschreibung dieser Technik mit ausführlichen Beispielen findet sich bei ERICKSON [27].)

Doch zurück zum Thema der bildhaften Sprache. Die Verwendung konkreter Bilder ist Medizinmännern und Wunderheilern seit Jahrtausenden geläufig. Daß die Suggestion von Bildern ein wichtiger Bestandteil der Hypnotherapie (und bekanntlich auch des Autogenen Trainings) ist, wurde bereits erwähnt. Statt eine rein intellektuelle Sprache zu verwenden und etwa zu suggerieren, ein fettleibiger Patient werde bereits in den nächsten Tagen seinen Heißhunger verlieren und abzunehmen beginnen, ist es wirkungsvoller, ihn dazu anzuhalten, sich sein eigenes, genaues Bild von den Fettablagerungen in seinem Körper zu machen, wobei es völlig belanglos bleibt, ob diese Vorstellung medizinisch korrekt ist oder nicht. Wichtig ist nur, daß es sich um *sein* Bild davon handelt. Man erhält dann z. B. die Beschreibung, daß die Fettzellen gelblich-weiß und oval sind, und sich in hohen, bienenwabenartigen, dicken Schichten stapeln. Als nächstes bringt man ihn zu einer möglichst detaillierten Vorstellung seiner Proteine und suggeriert schließlich, daß diese nun heißhungrig über die

---

[9] In der Hypnose erfolgt diese Hervorhebung durch minimale Änderungen des Tonfalls, durch vorangehende Pausen, durch ihre Erwähnung während des Ausatmens des Patienten, winzige Gesten und ähnliche Signale.

Fettzellen herfallen und sie von innen her aufzufressen beginnen, wodurch die im Fett gespeicherte Energie frei und ein Gefühl von körperlichem Wohlbefinden und gesteigerter Aktivität hervorgerufen wird.

Diese Art bildhafter Konzentrationsübungen wird in zunehmendem Maße in die Krebsbehandlung [10] einbezogen, und zwar nicht nur in Form von Suggestionen, die die *Nebenerscheinungen* der Bestrahlungs- und der Chemotherapie mindern [11], sondern auch von solchen, die *unmittelbaren* Einfluß auf den Krankheitsverlauf anstreben. In diesem Zusammenhang ist die Forschungsgruppe des amerikanischen Onkologen SIMONTON zu erwähnen, die ihre Patienten zur Verwendung von konzentrierten visuellen Vorstellungen ausbildet [95]. Dem Patienten wird unter anderem aufgetragen, das für ihn persönlich zutreffendste und bedeutungsvollste Bild seiner Krankheit zu evozieren, und dieses Bild wird dann durch Suggestion langsam immer mehr auf Remission, Heilung und Gesundheit hin verändert. Der Kranke wird z. B. aufgefordert, sich intensiv vorzustellen, daß seine weißen Blutkörperchen reißende Eisbären sind, die heißhungrig durch seinen Körper schweifen und raubtierhaft über jede Krebszelle herfallen, die sie finden können.

ERICKSON beschreibt viele ähnliche Interventionen. So mag er es im Falle von Frigidität der Betreffenden zur Auflage machen, sich in allen Einzelheiten vorzustellen, wie sie daheim ihren Kühlschrank entfrosten wird. Diese Intervention läßt sich sowohl in der Trance wie im Wachzustand durchführen. In langsamem, sich immer wiederholendem, monotonem Zuspruch erwägt er, wie sie diese Arbeit wohl angehen wird, ob beim obersten oder beim untersten Fach, oder vielleicht in der Mitte; was sie zuerst herausnehmen wird, was dann; wieviel Eis sich wohl im Laufe der Zeit gebildet haben mag; wo die Schicht am dicksten ist; was sie in den hintersten Winkeln an vergessenen und längst wegzuwerfenden Dingen finden wird; wie sich das eigentliche Auftauen am besten bewerkstelligen läßt; ob sich dabei womöglich Erinnerungen und Gedanken einstellen werden, die überhaupt nichts mit dieser Arbeit zu tun haben; wie sie schließlich das neu einordnen wird, was zu behalten sich lohnt, usw. Grundsätzlich wird dabei jeder unmittelbare Hinweis auf das Sexualproblem vermieden; vielmehr spricht er in der scheinbar oberflächlichsten, aber umständlichsten Weise von dieser banalen Haushaltsverrichtung. –

---

[10] Die Rolle psychologischer Faktoren in der Entstehung und dem Verlauf von Krebserkrankungen wird heute bereits von einer großen Zahl namhafter Fachleute anerkannt. Hierzu die von der New Yorker Akademie der Wissenschaften 1966 [86] und 1969 [82] veröffentlichten Verhandlungsberichte zweier großer Konferenzen über die psychophysiologischen Aspekte des Krebses.
[11] Zum Beispiel 27 und 51.

Es braucht wohl nicht besonders betont zu werden, daß das Wesen dieser Intervention in einem «umgekehrten» Traum besteht: Was ERICKSON sagt, könnte ihm genau so gut von seiner Patientin als Traum berichtet werden, in dem unannehmbares Material in bildhaft übertragener Sprache die Zensur der linken Hemisphäre umgeht. Der Unterschied besteht natürlich darin, daß der Traum meist nur ein *passives* Abbild einer bestehenden Konfliktsituation ist; ERICKSON dagegen durch Verwendung der Traumsprache, also unter Umgehung der linken Hirnhälfte, *aktiv* interveniert [12].

Auch die *Poesie* bedient sich bildhafter Sprache und ist außerdem der Musik durch den Rhythmus ihrer Worte verwandt. Darin mag die an sich merkwürdige Macht des Reims liegen, von der schon SCHOPENHAUER sagte, daß wir durch ihn «bestochen werden, etwas hinzunehmen, was wir in der Sprache des Alltags nicht gelten ließen» [13]. Man überlege sich z. B., wieviel ärmer, weniger ansprechend und zugleich aber komplizierter dieselben Gedanken in Prosaform wären, die der Winterthurer Dichter LOTHAR KEMPTER durch sein Gedicht, «Ins Ohr zu flüstern», vermittelt:

Schließe die Augen –
dann wirst du schauen.

Brich deine Mauern –
dann wirst du bauen.

Lerne harren –
dann wirst du gehn.

Laß dich fallen –
dann wirst du stehn.

---

[12] Das bisher Gesagte darf nicht dahingehend mißverstanden werden, daß nur *visuelle* Vorstellungen verwendbar sind. Vor allem das Autogene Training arbeitet bekanntlich weitgehend mit propriozeptiven Imaginationen, und auch akustische Vorstellungen sind wirkungsvoll. Hierzu der Bericht eines Patienten ERICKSONS über die Vorstellung eines Metronoms:

Wenn ich dem imaginären Metronom zuhöre, beschleunigt oder verlangsamt es sich, wird lauter oder leiser, während ich in Trance falle, und ich schwimme ganz einfach mit. Ein wirkliches Metronom bleibt in störender Weise konstant und bringt mich immer wieder in die Wirklichkeit zurück, statt mich in Trance sinken zu lassen. Das imaginäre Metronom ändert seinen Takt und paßt immer genau zu meinem Denken und Fühlen, während dem wirklichen ich mich anzupassen habe [23].

Bei musikalisch begabten Menschen ist in ähnlicher Weise das «Anhören» eines imaginären Musikstückes, das sich seinem Wesen nach genau dem Tranceerlebnis anpaßt, eine ausgezeichnete Induktion von Selbsthypnose.

[13] Oder HEINRICH HEINE:

Und als ich euch meine Schmerzen geklagt,
da habt ihr gegähnt und nichts gesagt;
doch als ich sie zierlich in Verse gebracht,
da habt ihr mir große Elogen gemacht.

Ein hochinteressanter, vom italienischen Linguisten Bausani studierter Fall wirft zusätzliches Licht auf die Sprache der Poesie. Es handelt sich um einen jungen Italiener, E. J., der bereits als Kind eine Kunstsprache namens *Markuska* ersonnen und in späteren Jahren immer weiter ausgebildet und vervollkommnet hatte. Wie schon im Falle des auf Seite 11 erwähnten isländischen Mädchens übernahmen auch E. J.'s Geschwister und Spielkameraden einige Elemente von *Markuska*.

«Wie sind derartige kuriose Erscheinungen sprachlichen Erfindertums zu erklären?» fragt Bausani und führt dazu aus:

> Unserem Dafürhalten nach handelt es sich hier um ein Explizitwerden auf Bewußtseinsebene von Vorgängen, die sich in ähnlicher Weise unbewußt in den Sprachen der Geistesgestörten, Somnambulen oder Medien abspielen, wobei allerdings betont werden muß, daß der hier in Frage stehende jugendliche Spracherfinder psychisch völlig gesund, doch von Kind auf mit einer starken Neigung zum Erlernen fremder Sprachen begabt war. Nicht uninteressant sind die das Entstehen und Wachstum dieser «künstlichen» Sprache begleitenden psychischen Erscheinungen, z. B. das Gefühl innerer Erleichterung oder völliger Freiheit, eine gewisse Heiterkeit des Gemüts und zuweilen auch sexuelle Erregung. Nicht selten nahm unser junger Freund zu seiner «Markuska»-Sprache Zuflucht, um in ihr zu dichten [10, S. 28].

Und zu E. J.'s Gedichten macht Bausani folgende, für die Thematik meiner Ausführungen bedeutsame Feststellung:

> «Sonderbar» an diesen Gedichten war einzig und allein die Sprache, denn inhaltlich und formal wichen sie wenig vom wohlbekannten Typ dekadenter und romantischer Lyrik ab, einem Genre, das der Verfasser in seinen italienisch abgefaßten Gedichten geradezu verabscheute. Letztere waren durchaus im Stile der modernen, «hermetischen» Dichtung, reimlos und inhaltlich ziemlich unpersönlich. In E. J.'s «Markuska»-Dichtung dagegen drängten Bewußtseins- und Gefühlszustände zu poetischem Ausdruck, die – obwohl E. J. sie keiner «seriösen» Formulierung würdig erachtete – auf ihre Weise eine geheime, halb burleske Ausdrucksmöglichkeit fanden [10, S. 29].

Man kann sich des Eindrucks nicht erwehren, daß es sich bei E. J. sozusagen um Separatdichtungen seiner beiden Hemisphären handelte, wobei die linke die offizielle Sprache der Vernunft verwendete, die rechte dagegen sich trotz des «Abscheus» ihrer besseren Hälfte auf dem Umweg über Geheimsprache und Ironisierung Ausdruck verschaffte – ganz ähnlich wie sich der schon erwähnte politische Witz gegenüber der Humorlosigkeit und Unmenschlichkeit der Ideologie in «heimtückischer» Weise Luft macht.

Überhaupt kann der Schritt vom Sublimen zum Banalen kurz, aber markant sein; wie etwa in der nur einem Österreicher verständlichen Parodie: «Tod, du Klachel, wo ist dein Stachel?» – Auch der arme Verwandte des Reims, der Schüttelreim, ist hier zu erwähnen, und offensichtlich wirken auch die gereimten Reklamen, ganz zu schweigen von einer der Haupt-

errungenschaften der amerikanischen Marktwerbung, den schwachsinni-
gen Liedchen. Überhaupt kann die Werbung für sich in Anspruch nehmen, die Verwendung von Alliterationen, Klangassoziationen, induzierten
Fehlschlüssen und anderen semantischen Taschenspielertricks zu hoher
Blüte entwickelt zu haben. Da sieht man z. B. auf einem Reklamebild
einen kraft- und gesundheitsstrotzenden Sportler, Zigarette in der Hand,
und die Worte: «Ich bin jetzt Leichtraucher» – womit offensichtlich die
phonetische Ähnlichkeit von Leichtraucher und Nichtraucher über ihren
faktischen Unterschied hinwegmogeln soll, und als weitere Assoziationen
die Begriffe von Sport und Gesundheit aufgedrängt werden [14].

Östliche Kulturen sind für ihren Reichtum an bildhaften Gleichnissen
bekannt, wie unzählige russische, armenische, arabische und vor allem
fernöstliche Geschichten beweisen. Wieviel unmittelbarer wirkt z. B. das
folgende Gleichnis DSCHUANG DSIS als eine noch so lange und «klare»
Deutung der betreffenden, konflikterzeugenden Fehlhaltung eines Menschen.

Wenn ein Boot den Fluß durchkreuzt, und es kommt ein leeres Schiff und stößt
ans Boot, so wird auch ein jähzorniger Mensch nicht böse. Steht aber ein Mensch
auf jenem Schiffe, so ruft er, damit er ausweiche. Er ruft einmal, und jener hört
nichts. Er ruft ein zweites Mal, und jener hört nichts. Er ruft ein drittes Mal, und
sicher werden üble Worte folgen. Im ersten Fall wurde er nicht böse; im zweiten
Fall wurde er böse. Denn im ersten Fall war das Schiff leer; im zweiten Fall war
jemand drin [19].

Oder eine angeblich wahre Geschichte, von der es aber ganz gleichgültig ist, ob sie es ist oder nicht: Irgendwo in den Tropen werden Affen
dadurch gefangen, daß man eine Kalebasse am Boden festbindet und in
sie eine Frucht hineinlegt, die diese Affen besonders schätzen. Die Öffnung
der Kalebasse ist gerade weit genug, um dem Affen das Hineinlangen zu
ermöglichen. Sobald er die Frucht aber ergreift, kann er seine Hand mit
der Frucht nicht mehr durch die Öffnung zurückziehen. Um wieder frei-
zukommen, müßte er den Köder nur fahren lassen und die Hand heraus-
ziehen; dazu aber ist er in seiner Gier nicht fähig. So wird er zu seinem
eigenen Gefangenen, denn während er nicht loslassen kann, kommen die
Jäger und werfen ein Netz über ihn. Dann muß er schließlich doch loslassen, aber nun ist es zu spät.

Beide Gleichnisse drücken denselben Grundgedanken aus: die Notwen-

---

[14] Auch Zaubersprüche waren bekanntlich meist in Reimform, und mit dem Rhythmus von Gebeten, vor allem der Monotonie der Litanei, dürfte es seine eigene Bewandtnis haben. – Mit all dem soll natürlich nicht gesagt sein, daß man als Therapeut in Versen sprechen sollte, sondern nur, daß hier, wie auch im folgenden, sprachliche Eigenschaften vorliegen, die besonders verhaltensbeeinflussend sein können.

digkeit des sich Leermachens und Loslassens, über die man endlos intellektualisieren könnte.

Abschließend verdient noch eine weitere Eigenschaft der Bildersprache besondere Beachtung. Wie erwähnt, ist ihre Struktur ausgesprochen primitiv. So fehlt ihr vor allem die hochentwickelte logische Syntax der digitalen Kommunikation. Praktisch macht sich dies besonders durch das *Fehlen der Negation*, also der Verneinung eines Sachverhalts durch (digitale) Ausdrücke wie *nicht, kein, nie, nirgends* usw., bemerkbar. Wie schon an anderem Orte [107, S. 98–103] näher erläutert, ist es schwierig, wenn nicht unmöglich, das Nichtzutreffen eines Sachverhaltes oder das Nichteintreten eines Ereignisses bildhaft darzustellen. Der Satz, *Der Mann pflanzt einen Baum,* läßt sich mittels einer einfachen Zeichnung unschwer ausdrücken; nicht aber das Gegenteil *(Der Mann pflanzt den Baum nicht).* Wie man es auch angeht, läßt sich diese Bedeutung nicht eindeutig vermitteln und man kommt – je nach der versuchten bildhaften Lösung – immer wieder bei unzutreffenden Bedeutungen, wie etwa *Ein Mann neben einer Grube und einem umgefallenen Baum, Mann und ausgegrabener Baum* oder ähnlichem an. Erfahrene Hypnotiseure vermeiden daher die Verneinung und ersetzen sie, wo immer möglich, durch eine positive Formulierung. Dem bereits operierten, aber noch unter Vollnarkose stehenden Patienten suggeriert man daher nicht: «Sie werden nach Erwachen keinerlei Brechreiz empfinden» (was nicht nur gegen die Regel des unaufgelösten Restes – siehe Seite 61 – verstößt, sondern praktisch einem posthypnotischen Befehl gleichkommt, zu erbrechen), sondern «Bei der Rückkehr auf Ihr Zimmer in etwa zwanzig Minuten werden Sie sehr zu Ihrer Überraschung ein angenehmes Gefühl des Appetits verspüren». Da Appetit und Übelkeit sich gegenseitig ausschließen, ist damit das Nötige gesagt und außerdem impliziert, daß es sich hier um etwas handelt, das für die (linkshemisphärische) Vernunft unerwartet und unbegreiflich sein wird.

Auch dies beschränkt sich keineswegs nur auf die Hypnose. Jeder Wunsch, jeder Befehl ist viel eindrücklicher, wenn er in positiver Sprache (d. h. unter Vermeidung von Negationen) gegeben wird. «Denk daran, den Brief aufzugeben» dürfte dem Betreffenden, vor allem einem Kinde, viel besser im Gedächtnis bleiben als «Vergiß ja nicht, den Brief aufzugeben».

Zum selben Thema schließlich noch ein kurzer Hinweis auf aversive Formulierungen, womit alle jene gemeint sind, die in irgendeiner Weise sich gegen Wohlbefinden, Entspannung und ähnliche Stimmungen richten, und daher – wenn auch in mittelbarem Sinne – Negationen gleichkommen. Statt zu suggerieren, «Zigaretten werden nun scheußlich schmecken und Sie werden beim Rauchen fürchterlich husten müssen», empfiehlt sich die ungleich wirksamere Formulierung, «Ihr Atmen wird schon in wenigen Tagen viel leichter sein; das Einatmen klarer, reiner Luft wird in Ihrem Körper ein Wohlbefinden erzeugen; Sie werden stolz sein, sich von Ihrer Abhängigkeit von Zigaretten aus eigener Kraft befreit zu haben», usw. Auch dies gilt keineswegs nur für die Hypnotherapie, sondern allgemein: Je negativer und furchterregender eine sprachliche Formulierung ist, desto weniger ist der andere bereit, auf sie einzugehen, und desto rascher wird er sie vergessen. Positive und konkrete Sprachformen gehören auch hier zu den Voraussetzungen einer erfolgreichen Beeinflussung.

Mit der Betonung des Konkreten ist bereits ein weiteres Thema angeschnitten: die *absichtliche Konkretisierung* und damit verbundene Demolierung von rhetorisch-abstrakten Sprachformen.

«Einjähriger Katz», fragt der Feldwebel (vermutlich im alten *Simplizissimus*), «warum soll der Soldat gerne für seinen Kaiser sterben?» – «Recht haben Sie; warum soll er?», sagt Katz und dürfte damit des Feldwebels Denkapparat vorübergehend außer Gefecht gesetzt haben. Denn *erklären* zu wollen, was hier eben schiefging, ist keineswegs einfach. Da gibt man als der Betroffene lieber auf. Wer allerdings nicht aufgab, war die Gestapo, als eines Tages an protzigen Propagandaplakaten mit der Aufschrift «Nationalsozialismus oder bolschewistisches Chaos?» kleine Zettel mit den Worten «Erdäpfel oder Kartoffel?» klebten. Und was bleibt von der Rhetorik des goldenen Wortes «Wo Rauch ist, muß auch Feuer sein» übrig, wenn ein RODA RODA schlicht hinzufügt: «... ein frischer Mist tut's auch»?

Die diabolische Meisterschaft von KARL KRAUS wurde bereits erwähnt. Hier zwei weitere Beispiele aus der *Fackel:* «Davon wissen jene nichts, die die Standesehre so hoch halten, daß sie mit freiem Auge nicht mehr wahrnehmbar ist» und «Nichts ist dem Kommiß teurer als sein Ehrenwort. Aber bei Abnahme einer größeren Partie wird Rabatt gewährt».

Was damit erläutert werden soll, ist, daß sich rhetorische, bombastische, scheinbar fraglos gültige Sätze durch Konkretisierung besser demolieren lassen, als durch noch so preziöse Erwiderungen in derselben Sprache. Und die Weise, in der unsere Patienten sich selbst ihr Weltbild, ihre «unveränderliche», leiderzeugende Wirklichkeit vor Augen führen, ist nur zu oft ganz unbeabsichtigt rhetorisch, bombastisch und anscheinend fraglos gültig. Die leicht hingeworfene Bemerkung, «Die gute alte Zeit hat es nie gegeben», kann therapeutisch wirksamer sein, als eine lange, todernste Deutung der Infantilhaltung eines Menschen. Dasselbe gilt für den Hinweis: «Wer ohne einen bestimmten Menschen nicht leben kann, kann auch meist mit ihm nicht leben.» Ganz ähnlich verhält es sich mit TALLEY-RANDS «*On peut faire tout avec les baïonnettes, sauf s'asseoir dessus*» (mit [der Macht von] Bajonetten kann man alles machen, außer sich auf sie hinsetzen), denn hinsetzen muß sich schließlich einmal auch der Mächtigste. Das asiatische Sprichwort, «Wer den Tiger reitet, kann nicht absteigen», suggeriert mit seinen ersten vier Worten ein Bild völliger Unterwerfung bestialischer Wildheit, die nächsten drei führen es *ad absurdum,* indem sie die praktische Unmöglichkeit und vor allem das prekäre Ausgeliefertsein dieser heroischen Lösung schlagartig vergegenwärtigen. – Freilich haben nur wenige Menschen das Talent, solche feingeschliffenen Gleichnisse und Bonmots in der Hitze des Gefechts von sich zu geben, doch schließt dies nicht aus, daß man als Therapeut sich doch im Gebrauch solcher Sprachformen üben kann.

Pars pro toto

Es gehört zu den Eigenschaften von Ganzheiten, daß Teile von ihnen in eigentümlich stellvertretender Weise für das Ganze stehen können. Davon war schon auf Seite 23 die Rede. Die wenigen Striche einer Karikatur, ein einziger Takt einer Sinfonie, der Duft, der ein komplexes Erlebnis in seiner reichen Unmittelbarkeit wieder zum Bewußtsein bringt, sind Beispiele dafür. In ähnlicher Weise können wir uns von einem Fremden unmittelbar angezogen oder abgestoßen fühlen, bloß weil ein geringfügiges Körpermerkmal oder Verhalten uns an einen anderen Menschen erinnert und ihn in seiner Gesamtheit evoziert.

Aus dem Gebiet der bildenden Kunst liefert ERNST H. GOMBRICH einen weiteren Beleg für diesen Sachverhalt. Er fordert uns auf, ein augenloses Gesicht zu skizzieren und das Gefühl der Erleichterung zu erleben, das uns überkommt, wenn es uns nach Hintupfen von zwei Punkten endlich ansehen kann [43]. Zugegeben, die Augen sind vermutlich der wichtigste Teil der Ganzheit eines Gesichtes, der «Spiegel der Seele» (man denke auch an ihre Bedeutung in Symbolik und in Psychopathologie). Wie aber GOMBRICHS kleines Experiment zeigt, haben auch zwei flüchtig hingeworfene Punkte diese ganzheitschaffende Eigenschaft, stellen sozusagen den visuellen Zauberspruch dar, der ein Bild ändert oder überhaupt erst ins Leben ruft. Darin scheint mir seine Bedeutung für die Thematik dieses Kapitels zu liegen. Ein noch interessanteres Beispiel wird von RICHARD GOMBRICH aus Ceylon berichtet, wo das Einmalen der Augen in eine sonst in allen Einzelheiten schon fertige Buddha-Statue eine Einweihung darstellt und das Gottesbild zum Leben bringt:

Die Zeremonie wird von den sie Ausübenden für sehr gefährlich gehalten und ist von Tabus umgeben [...]. Der Künstler malt die Augen zu einem günstigen Zeitpunkt und bleibt mit seinen Kollegen allein im geschlossenen Tempel, während alle anderen sich sogar vom Außentor zurückziehen. Außerdem wagt es der Maler nicht, der Statue ins Gesicht zu blicken, sondern dreht ihr den Rücken und malt entweder seitwärts oder über seine Schulter mit Hilfe eines Spiegels, der den Blick des Bildes auffängt, das er zum Leben bringt. Wenn er mit dem Malen fertig ist, hat auch der Maler einen gefährlichen Blick [44].

Ein vollendetes Beispiel der Kunst des *pars pro toto* ist der auf Seite 60 abgebildete, von HENRI MATISSE 1935 gezeichnete Kopf. Die Sparsamkeit der Linien ist unübertrefflich; man hat den Eindruck, daß das Fehlen auch nur einer der Linien das Bild in seiner plastischen Vollkommenheit beeinträchtigen würde. Dieses geniale Können und dieser Effekt ist wohl das, was PLATON (s. Fußnote auf Seite 32) seiner unmeßbaren, unverständlichen, ganzheitlichen Wirkung wegen dem «Schlechteren in uns» zuordnet.

Auch der Mechanismus des *pars pro toto* kann folglich in den Dienst der Kommunikation mit der rechten Hemisphäre (unter Umgehung der linken) gestellt werden, wobei natürlich auch diese Intervention nicht nur Phantasie, sondern auch Geistesgegenwart erfordert. Aber die Fähigkeit, sich auf das Weltbild des anderen einzustellen, ist nun einmal Voraussetzung für wirksame Therapie. Die *pars-pro-toto*-Kommunikation ist dort besonders angebracht, wo das Erfassen einer Ganzheit aus irgendwelchen Gründen (z. B. Fremdheit, Ungeheuerlichkeit, scheinbare Sinnlosigkeit) schwer fällt. Wenn jemand versucht, die unvorstellbare Gewalt eines Wirbelsturmes zu beschreiben, wird er dazu neigen, von durch die Luft wirbelnden Dächern und Autobussen, von ausgerissenen Bäumen u. ä. zu sprechen. Dies ist beeindruckend, aber kaum vorstellbar. Erwähnt er dagegen, daß er eine schwere Holztür sah, in die sich ein Strohhalm wie ein Nagel eingebohrt hatte, dann hat man auf einmal ein Maß für die nie erlebte Wucht der rasenden Luftstöße: Der Strohhalm, Inbegriff des Dünnen und Zerbrechlichen, prallte mit solcher Geschwindigkeit gegen die Tür, daß es nicht zu seinem Zersplittern kam, bevor er sich bereits tief ins Holz eingebohrt hatte. Dieses Bild wirkt viel unmittelbarer als der beste Versuch einer ausführlichen Schilderung der breiten Straße der Verwüstung, die sich quer durch eine Stadt zieht.

Hierher gehören vermutlich auch die nicht seltenen, bizarren Verzweiflungsreaktionen auf die scheinbar banalsten, nebensächlichsten Ereignisse: die vor der Nase davonfahrende Straßenbahn, ein verlorenes Taschentuch,

Abbildung 2

das Reißen des Schnürsenkels. Allegorisch pflegt man dann vom Tropfen zu sprechen, der das Faß zum Überlaufen brachte. Ich glaube, daß es sich dabei eher um das *pars-pro-toto*-Erlebnis einer tiefen Unglücklichkeit oder Hoffnungslosigkeit handelt, über deren wahres Ausmaß der Betreffende sich hinwegtäuschen kann, bis es sich in der Trivialsphäre schlagartig und unerträglich klar enthüllt.

Auch hier gilt der Grundsatz *similia similibus curantur*. Viele Therapien scheinen zu scheitern, oder sich endlos hinzuschleppen, weil unentwegt der utopische Versuch unternommen wird, ein Problem in seiner ganzen vermeintlichen Tiefe und Verästelung angehen zu müssen. Hier empfehlen sich die aus der Hypnotherapie längst bekannten, systemtheoretisch gut fundierten und in der Kurztherapie bewährten minimalen, aber gezielten Interventionen. Aus ihrer *pars-pro-toto*-Natur ergibt sich ihre scheinbar oberflächliche, mechanistische Banalität, die in so krassem Widerspruch zum tiefenpsychologischen Ansatz steht. Oft sind es die Leidenden selbst, die sich gegen eine kleine, konkrete Veränderung spreizen, eben weil sie das «wirkliche Problem» zu bagatellisieren scheint. Oft spielt natürlich auch die sich längst eingebürgerte Überzeugung herein, daß «wirkliche Therapie» lang sein muß und hauptsächlich in Reden besteht. Auf jeden Fall ist der Schritt vom Gerede zum wirklichkeitsverändernden,

60

konkreten Handeln schwer; gelingt die Beeinflussung jedoch und ergibt sich ein Wandel in einem vermeintlich nebensächlichen Aspekt des allumfassenden Problems, dann stellt sich rasch heraus, daß das Problem eben doch nicht so monolithisch war, wie es bisher schien. Andererseits trifft es auch zu, daß die Annahme des *partis* durch den Patienten eben wegen seiner scheinbaren Nebensächlichkeit in bezug auf das *totum* sich vor allem dann leichter gestaltet, wenn der Therapeut die ihm zur Beeinflussung verfügbaren Möglichkeiten ergreift, über die bereits an anderem Orte [108] ausführlich referiert wurde und von denen auch weiter unten zusätzlich die Rede sein soll.

Jedenfalls sei festgehalten: Die Wirkung einer erfolgreichen *pars-pro-toto*-Intervention liegt höchst wahrscheinlich nicht darin, daß dabei im klassischen Sinne die rechte Deutung zur rechten Zeit (d. h. wenn der Patient zur Annahme des bisher Verdrängten und daher zur Einsicht bereit ist) gegeben wird. Es handelt sich wohl eher darum, daß ein Teil nicht nur stellvertretend das Ganze *dar*stellen, sondern auch eine neue Ganzheit *her*stellen kann und damit die Änderung eines Weltbildes ermöglicht. Um eine solche Änderung aber willentlich und wissentlich herbeizuführen (und sie nicht der Intuition, der Einsicht oder dem Zufall zuzuschreiben), ist die Kenntnis des zu ändernden Weltbilds unerläßlich. Diese Notwendigkeit wird uns bei der Besprechung der *Umdeutungen* näher beschäftigen.

Es gibt noch einen weiteren Aspekt des *pars-pro-toto*-Prinzips, der – streng genommen – nicht mit dem bereits Erwähnten zusammenhängt, trotzdem aber am besten gleich hier beschrieben wird. Es handelt sich um die hypnotherapeutische Grundregel des *unaufgelösten Rests,* die ebenfalls auf die allgemeine Therapie voll anwendbar ist. Gemeint ist damit, daß man nie auf die vollständige, totale Lösung eines Problems hinarbeiten soll, sondern immer nur auf seine wesentliche Besserung; also etwa, daß der Patient bedeutend *weniger* Schmerzen haben, oder *etwas* länger schlafen, oder im Fahrstuhl merklich *geringere* Angst empfinden wird. Damit erreicht man erstens, daß die Idee des Wandels aus der utopischen Schwarz-Weiß-Malerei des vollen Erfolgs oder des totalen Scheiterns gehoben wird, und daß zweitens dem Betreffenden nun die Möglichkeit offensteht, *von sich aus* darüber hinauszugehen, was der Therapeut für möglich zu halten scheint. Dadurch verläßt er die Behandlung mit größerer Zuversicht in seine eigenen Fähigkeiten zur Lösung künftiger Probleme und geringerer Abhängigkeit von den Krücken der Therapie.

Aphorismen

Laut dem Brockhaus ist ein Aphorismus «ein knapper, oft schlagkräftig geformter, in sich geschlossener Sinnspruch in Prosa». Zu seinem Wesen gehört, daß in ihm mindestens zwei Begriffe oder Gedankengänge in eine Verbindung gebracht werden, die verblüffend ist und deshalb (oder gerade trotz ihrer scheinbaren Widersprüchlichkeit) unmittelbar wirkt. Wenn HÖLDERLIN z. B. sagt, daß das den Staat zur Hölle gemacht hat, daß ihn der Mensch zu seinem Himmel machen wollte, so spielt er mit einer ungewöhnlichen Gegenüberstellung von *Himmel* und *Hölle*. Ähnlich steht es mit dem bekannten Ausdruck: *Zum Sterben zu viel, zum Leben zu wenig*. Normalerweise assoziiert man *sterben* mit *zu wenig*. Nicht nur stößt man sich hier nicht an der logischen Absurdität (ein Drittes, außer Leben und Sterben, gibt es ja nicht), sondern die acht Worte vermitteln wiederum einen viel unmittelbarer greifbaren Sinn, als es eine Erklärung vermöchte, die die Gesetze der Logik und der Vernunft respektiert. Es scheint überhaupt, daß der Aphorismus sich zu blitzartigen Erhellungen sehr umfassender menschlicher Sachverhalte, und daher auch von Weltbildern, besonders eignet. So beschließt der ungarische Dichter GYULA SIPOS sein Gedicht, «Wenn es nicht lohnt», mit den Worten: «... wenn es nichts gibt, wofür das Sterben lohnt, lohnt auch das Leben nicht», und umreißt damit die Interdependenz des Sinnes von Leben und Sterben viel klarer und unmittelbarer, als es eine lange Abhandlung könnte.

Eine besonders wirkungsvolle Form des Aphorismus ist der *Chiasmus*. Es ist dies eine Sprachform von kreuzförmiger Struktur, die ihre Bezeichnung dem griechischen Buchstaben *chi* (χ) verdankt. KOPPERSCHMIDT beschreibt Wesen und Struktur des Chiasmus anhand eines Zitates über die kapitalistische Gesellschaft aus dem *Kommunistischen Manifest* (1848):

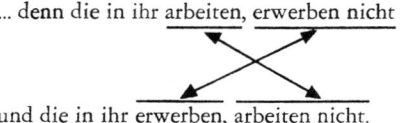

... denn die in ihr arbeiten, erwerben nicht

und die in ihr erwerben, arbeiten nicht.

und erwähnt dazu unter anderem:

... Die genannten lexikalischen Elemente bilden zwei syntaktische Reihen (Satzteile) von je sieben Elementen, deren Äquivalenzcharakter durch eine weitgehende (vier von sieben Elementen) lexikalische Identität (x die in ihr x x nicht) der syntaktischen Glieder noch intensiviert wird. Dieser sogenannte syntaktische und lexikalische *Parallelismus* würde zu formaler Trivialität und inhaltlicher Tautologie führen, wenn die Parallelität nicht an einer Stelle lexikalisch durchbrochen wäre, wodurch das Prinzip der Wiederholung zum kontrastierenden Muster funktionalisiert wird, auf dem sich die partielle, aber gedanklich entscheidende Regelverletzung signifikant abhebt [...]. Die chiastische Bezugnahme zwischen den lexikalisch korrespondierenden Gliedern bedeutet zugleich semantisch eine Gegenüberstellung der Aussage mit ihrer inhaltlichen Umkehrung, d. h. eine antithetische Korrespondenz der beiden syntaktisch parallelisierten Satzteile, die im zitierten Beispiel durch ein (adversatives) «und» angedeutet ist [65, S. 166].

In dieser verblüffenden, einen tiefen Widerspruch scheinbar mühelos überbrückenden Aussage, die ihrem Wesen nach viel mehr der rechts- als der linkshemisphärischen «Syntax» angehört, dürfte die zündende Wirkung des Chiasmus zu suchen sein. Kein Wunder, wenn er Politikern und Volkstribunen am Herzen liegt. Wenn FERDINAND SCHILL 1809 seiner Freischar zuruft:

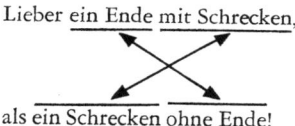

so scheint damit die Lage klar umrissen, die richtige Entscheidung fraglos und jeder Zweifel behoben zu sein, daß es außer diesen Alternativen noch andere Möglichkeiten geben könnte. An der Lage selbst hat sich nichts geändert, wohl aber am *Bilde,* das die Betroffenen von der Lage haben. Darin liegt meines Erachtens die Macht des Chiasmus und seine Verwendbarkeit zur Veränderung von Weltbildern – natürlich wiederum im guten wie im schlechten Sinne. Ein Beispiel aus der Praxis ist die auf eine Reihe von Problemen anwendbare Bemerkung: «Je nervöser Sie sind, desto mehr reißen Sie sich zusammen; und je mehr Sie sich zusammenreißen, desto nervöser werden Sie», wenngleich ihm die strukturelle Rigorosität des MARXschen Zitats fehlt. Trotzdem aber verdichtet es die komplizierte Struktur eines Teufelskreises in eine prägnante, leichtverständliche Form. Wenn OSCAR WILDE maliziös feststellt: «Der einzige Unterschied zwischen einem Heiligen und einem Sünder besteht darin, daß jeder Heilige eine Vergangenheit und jeder Sünder eine Zukunft hat», so demoliert er damit eine sinnlose Schwarz-Weiß-Malerei der menschlichen Natur; ebenso wie das Bonmot: «Entwicklungshilfe besteht darin, den *armen Leuten* in *reichen Ländern* Geld wegzunehmen, und es den *reichen Leuten* in *armen Ländern* zu geben», den Nagel leider nur zu genau auf den Kopf trifft. Wenn dagegen die politisch überaus einflußreiche *National Rifle Association* allen gegenteiligen Beweisen zum Trotz ihren Widerstand gegen jede Einschränkung des freien Verkaufs und des freien Besitzes von Handfeuerwaffen mit dem unübersetzbaren Chiasmus unterbaut:

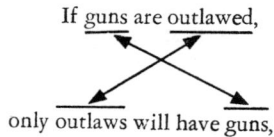

If guns are outlawed,

only outlaws will have guns,

so ist das eine Begründung, deren Pseudologik vor allem den unverant-
wortlichen Elementen einleuchten dürfte.

Der Chiasmus reicht natürlich auch in die Domäne des Witzes. In seinen *Wiener Spaziergängen* erwähnt SPITZER: «Das Ehepaar X lebt auf
ziemlich großem Fuße. Nach Ansicht der einen soll der Mann *viel verdient* und sich dabei *etwas zurückgelegt* haben, nach der andern wieder
soll sich die Frau *etwas zurückgelegt* und dabei *viel verdient* haben.» [100]
Hierzu FREUD, bewundernd: «Ein geradezu diabolisch guter Witz.»

Schließlich bleibt noch das weite Feld der *Mehrdeutigkeiten, Wortspiele* und *Anspielungen* zu erwähnen, dessen reiche Flora eine Einteilung
schwierig macht. Im Witz vom Ehepaar X finden wir bereits ein Beispiel
der Verwendung einer Mehrdeutigkeit. *Sich etwas zurücklegen* wird zuerst
im übertragenen, dann plötzlich aber im konkreten, körperlichen Sinne
verwendet, und aus diesem Trick entsteht die Anzüglichkeit [15].

Auch das Umgekehrte ist möglich: Verschiedene Worte mit gleicher
Bedeutung können gerade dort in den Dienst des Wandels gestellt werden,
wo die Gegebenheiten einer Situation anscheinend unverrückbar sind. Ein
Musterbeispiel ist die Maxime: «*Se obedece pero no se cumple*» («Man
gehorcht, aber führt [die Weisung] nicht aus»), mit deren Hilfe die Beam-
ten der spanischen Krone in den zentralamerikanischen Besitzungen mit
den kaiserlichen Befehlen aus Madrid fertig wurden, die entweder deswegen nicht befolgt werden konnten, weil sie vom Escorial in völliger
Unkenntnis der tatsächlichen Gegebenheiten verfügt worden waren, oder
weil sich die Lage bis zu ihrem Eintreffen längst ganz anders weiterent-
wickelt hatte. Sowohl *obedecer* wie *cumplir* bedeuten *gehorchen, eine
Weisung ausführen*. Welchen praktischen Sinn hat also der Rat, das eine
zu tun, das andere aber nicht? Aber gerade die gleiche Bedeutung der beiden Zeitwörter unterstellt, daß hier verschiedenes gemeint ist; daß man
nämlich einerseits nicht ungehorsam ist, andererseits die Weisung eben
doch nicht ausführt. In anderen Worten: Man tut, was die *wirkliche* Lage

---

[15] Darauf beruhen auch viele politische Witze in Diktaturen, so etwa der von
Schneider [89, S. 242] erwähnte Dialog aus der Nazizeit:
«Haste gehört? Der Tünnes ist gestorben!»
«Woran denn?»
«Er lag verkohlt vorm Volksempfänger.»

(cada vez me gusta más)

CAMISAS
VAN HEUSEN

Abbildung 3

erfordert, aber man tut es im Rahmen *scheinbaren* Gehorsams mit einem wirklichkeits*fremden* Befehl.

Ein noch komplizierteres Beispiel, in dem sich digitale und analoge Elemente überkreuzen, ist obenstehende Abbildung 3. Die wörtliche Bedeutung von «*Cada vez me gusta más*» ist «Jedes Mal gefällt ... mir besser»; was im Deutschen infolge des fehlenden Bezugspronomen (*er, sie* oder *es)* ein unvollständiger, im Spanischen aber ein syntaktisch und semantisch korrekter, wenn auch unentscheidbarer Satz ist. Es bleibt nämlich unklar, *wer* oder *was* der jungen Dame jedes Mal besser gefällt. Und darin liegt

65

die raffinierte Mehrdeutigkeit des Plakats. Mein Freund und Kollege VERÓN, dem ich dieses Beispiel verdanke, hat es einer eingehenden Analyse unterzogen, von der hier nur einige Punkte erwähnt seien: Das Bild zeigt einen Mann, der sich anzieht. (Daß es sich um *Anziehen* handelt, steht durch die Haltung seiner Hände außer Zweifel; niemand würde oder könnte sich auf diese Weise seine Krawatte *ab*nehmen.) Anziehen aber setzt einen vorhergegangenen Zustand der Nacktheit voraus, dem durch das Bild des Mädchens eine sexuelle Bedeutung gegeben wird. Verstärkt wird diese Assoziation durch ihren träumerischen Gesichtsausdruck. Die Klarheit seines Bildes und die Schemenhaftigkeit des ihren setzt weitere Akzente: Er steht für die wirkliche, konkrete Welt, von ihm ist impliziert, daß er mit seinem männlich-fordernden *sex appeal* das bekommt, was er will; sie dagegen träumt mit offenen Augen. Und wovon? Nicht nur von diesem einen Mal, sondern von «*cada vez*» – jedem bisherigen und daher auch allen zukünftigen Malen, von denen ihr jedes neue besser gefällt als die vorhergegangenen. So belehren uns die fünf eingeklammerten Worte, die offensichtlich ihre Gedanken ausdrücken. Wegen des fehlenden Bezugspronomens aber können sie drei verschiedene Bedeutungen haben, die zu einem vagen, aber suggestiven Eindruck verschmelzen: Jedes Mal gefällt ihr *er, sie* (nämlich das im Spanischen weibliche *Hemd* [camisa] – schließlich handelt es sich ja um eine Hemdenreklame) und *es* (das Liebeserlebnis mit ihm) besser. «Und da alle diese semantischen Möglichkeiten in ihrer Mehrdeutigkeit gleichzeitig gegeben sind», schreibt VERÓN, «stellt dieses glückhafte Hemd einen delikaten Inbegriff dar und verbindet sich mit Sex, der Liebe schöner Frauen, Erfolg und zweifellos noch vielen anderen Dingen» [103]. Und so, möchte ich hinzufügen, ist das Hemd zwar immer noch ein prosaisches Hemd; seine Bedeutung im Weltbild des Betrachters der Reklame, seine Wirklichkeit zweiter Ordnung, ist wesentlich verändert.

Wenn wir solche ganzheitsschaffenden Mehrdeutigkeiten verwenden, brauchen wir uns nicht allzu große Sorgen um digitale Logik zu machen. Nicht selten ist es gerade die Absurdität solcher Sprachformen, die ihnen aller Vernunft zum Trotz besondere Wirksamkeit gibt. «*Soyez réalistes, demandez l'impossible*» stand im Mai 1968 auf vielen Pariser Hauswänden zu lesen und drückte damit überaus prägnant aus, daß, wie die Studenten die politische Lage sahen, nur der völlige und daher im bisherigen Rahmen unmögliche Wandel realistisch war [16].

---

[16] Der Slogan hat eine verdächtige Ähnlichkeit mit Tertullians Satz: «*Certum est quia impossibile est*» (*De Carne Christi*, 5. Kapitel), der meist unrichtig, aber nicht unsinnig mit «*Credo quia absurdum est*» wiedergegeben wird.

Der absichtlichen Verwendung von Mehrdeutigkeiten und Absurditäten kann daher in der therapeutischen Kommunikation eine wichtige Rolle zufallen, deren sich die Hypnotherapie seit langem bedient. Im Prinzip handelt es sich dabei um die Umgehung oder Ausschaltung der logischen, kritischen Zensur der linken Hemisphäre (mehr darüber im nächsten Kapitel) vor allem durch die Verwendung phonetisch identischer (homophoner), semantisch aber widersinniger Wörter, aus denen sich die rechte Hemisphäre dann sozusagen jene Bedeutung aussuchen kann, die für sie sinnvoll ist. Hierfür eignet sich die deutsche Sprache leider weniger als die englische. *Right, write* und *rite* klingen identisch, haben aber völlig verschiedene Bedeutungen, und solcher Beispiele gibt es im Englischen unzählige[17]. So verwendet ERICKSON *a part* und *apart*, wenn es ihm darum geht, die Idee zu suggerieren, daß etwas, das in der Sicht des Patienten ein Teil (*a part*) des Problems ist, nun genau so gut nicht mehr zum Problem gehören, also von ihm getrennt (*apart*) sein könnte. Im Deutschen besteht hierzu keine Entsprechung; man könnte höchstens eine ähnliche Intervention auf dem Gleichklang von *teilen* (im Sinne von *trennen, auseinandernehmen*), *ein Teil* (also Bestandteil des Ganzen) und *einteilen* (als Zwischenbedeutung zwischen den beiden) aufbauen. An einer anderen Stelle jongliert ERICKSON mit der auch im Deutschen bestehenden Zweideutigkeit von *certain* (dem deutschen *gewiß*), einerseits im Sinne von *gewiß, sicher, bestimmt*, und gleichzeitig von *unbestimmt, unbekannt* – wie z. B. «es besteht da eine gewisse Unklarheit» oder «ein gewisser Meier hat angerufen». Auch in der Verwendung dieser Mehrdeutigkeiten sind dem Therapeuten nur durch seine Findigkeit und Sprachbegabung Grenzen gesetzt.

Besser bekannt und leichter zu erfinden als diese phonetisch-semantischen Ambiguitäten sind die auch im allgemeinen Sprachgebrauch häufigen Andeutungen, Unterstellungen und Innuendos. Wenn der Schauspieler Girardi dem Verfasser einer vernichtenden Kritik schrieb: «Ich sitze im kleinsten Raum meiner Wohnung; Ihre Rezension des gestrigen Abends noch *vor* mir», so implizierte er damit etwas, das anders ausgedrückt anstößig wäre. Oder man halte sich die Implikationen des Satzes aus einer Fallbeschreibung SELVINIS vor Augen: «Er hatte sie mehr oder weniger aus Dankbarkeit dafür geheiratet, daß sie ihn von seiner Impotenz geheilt hatte» [94].

---

[17] Laut Gauger zeichnet sich auch die französische Sprache durch eine extreme Häufigkeit von gleichlautenden Wörtern verschiedener Bedeutung (die sogenannte Homonymie) aus. Er erwähnt unter anderem, daß schon Voltaire Friedrich den

«In wie weit ist Alkohol für Sie ein Problem?» ist eine wesentlich taktvollere und taktischere Frage als «Wieviel trinken Sie?», denn einerseits unterstellt sie nichts, andererseits aber impliziert sie nicht nur die Möglichkeit, sondern sogar die Wahrscheinlichkeit, daß der Betreffende trinkt. Unbeabsichtigte, negative Implikationen ergeben sich im therapeutischen Gespräch nur zu leicht, besonders wenn der andere entweder auf einem bestimmten Gebiet überempfindlich ist, oder ohnehin bereits zu einer bestimmten Auffassung neigt. Die scheinbar unschuldige Bemerkung des Therapeuten in einem im Januar gehaltenen Erstinterview, «Übrigens, im August gehe ich immer auf Ferien», dürfte es auch dem optimistischsten Patienten *sub rosa* klarmachen, daß die Behandlung viele Monate dauern wird. Hier sind auch die sprachlichen Sünden so mancher Ärzte zu erwähnen, die, sei es durch Pessimismus, sei es durch apodiktische Fristensetzungen oder ähnliche Voraussagen in geradezu posthypnotischer Weise einen Krankheitsverlauf negativ beeinflussen können.

Derselbe Mechanismus steht glücklicherweise auch für positive Beeinflussungen zur Verfügung. Beispiele dafür sind: «Versuchen Sie, gerade soviel zuviel zu essen, daß Sie wöchentlich ein bis zwei Kilo abnehmen», oder (als posthypnotische Suggestion): «Als Folge Ihrer Selbsthypnose wird Essen Ihnen viel mehr Befriedigung geben als je zuvor. Der *kleinste* Bissen wird Ihnen unvergleichlich besser schmecken und Sie viel mehr erfüllen [Wortspiel mit *füllen*], als reichliche Mahlzeiten früher ['früher' impliziert, daß dies bereits der Vergangenheit angehört]». Oder die absurde Formulierung: «Mit Ihrem Problem werden Sie sich wohl noch lange herumschlagen müssen – vielleicht sogar zwei bis drei Wochen», die erfahrungsgemäß viel wirksamer ist, als eine entsprechende logische, positive, zuversichtliche Formulierung, die dann angebracht scheint, wenn Hoffnung auf baldigen therapeutischen Wandel besteht, und daher Anlaß, ihm sanft nachzuhelfen. Umgekehrt schafft die Bemerkung: «Vermutlich wird die Besserung unerwartet rasch kommen», durch ihre widersprüchliche Absurdität dann eine therapeutisch wünschenswerte Konfusion, wenn der Patient über den bisherigen Verlauf der Behandlung enttäuscht oder ungeduldig ist. Ohne dies direkt zu sagen, unterstellt sie nämlich im Rahmen eines scheinbaren Einverständnisses, daß die Unzufriedenheit des Patienten unrealistisch ist. Ungefähr in dieselbe Kategorie fällt der umgekrempelte Aphorismus: Die Lage ist hoffnungslos, aber nicht ernst.

Der Gebrauch des Innuendos, des Nichtaussprechens zum Zwecke des

---

Großen durch den Hinweis ärgerte, daß *Sans souci* nicht nur «ohne Sorge» oder «ohne Sorgen», sondern auch «hundert Sorgen» bedeuten kann [37].

Aussprechens, steht in der Diplomatie und in vergleichbaren gesellschaftlichen Kontexten hoch im Kurs und hat auch seinen festen Platz im Spracharsenal der therapeutischen Kommunikation. Zu seiner Struktur ein Beispiel aus HUGO VON HOFMANNSTHALS Lustspiel, *Der Schwierige*. Die junge Crescence möchte von ihrem Gastgeber, dem Grafen Altenwyl, näheres über einen anderen Gast wissen:

Altenwyl: Der Professor Brücke ist in seinem Fach eine große Zelebrität und mir ein lieber politischer Kollege. Er genießt es außerordentlich, in einem Salon zu sein, wo er keinen Kollegen aus der gelehrten Welt findet, sozusagen als der einzige Vertreter des Geistes in einem rein sozialen Milieu, und da ihm mein Haus diese bescheidene Annehmlichkeit bieten kann –
Crescence: Ist er verheiratet?
Altenwyl: Ich habe jedenfalls nie die Ehre gehabt, Madame Brücke zu Gesicht zu bekommen.
Crescence: Ich find die berühmten Männer odios, aber ihre Fraun noch ärger. Darin bin ich mit dem Kari [ihrem Bruder] einer Meinung. Wir schwärmen für triviale Menschen und triviale Unterhaltungen, nicht, Kari?
Altenwyl: Ich hab darüber meine altmodische Auffassung, die Helen kennt sie.

Und so geht es weiter; Altenwyl sagt viel, ohne viel zu sagen, und niemand könnte ihn daher auf das Gesagte festnageln.

Abschließend sei zusammengefaßt: Es gibt gewisse Sprachformen, die nach dem derzeitigen Stand unseres Wissens rechtshemisphärisch genannt werden können und sich daher besonders für therapeutische Kommunikation eignen. Während es unmöglich ist, einen Katalog von derartigen therapeutischen Formulierungen zu geben – allein schon deswegen, weil für jedes einzelne Beispiel eine lange anamnestische Beschreibung des jeweiligen Kontexts erforderlich wäre –, ermöglicht das Studium ihres Auftretens in der Umgangssprache einerseits und ihrer seit langem geübten Verwendung in der Hypnose andererseits die Ausbildung einer gewissen Übung in ihrem Gebrauche. Das vorliegende Kapitel war der Darstellung und Exemplifizierung dieser Sprachmuster gewidmet.

Die Blockierung der linken Hemisphäre

Eine grundsätzlich andere, aber mit dem bisher Erwähnten keineswegs in Widerspruch stehende Methode des Zugangs zur rechten Hemisphäre ist die Blockierung oder Umgehung der linken, wodurch die rechte kompensatorisch dominant wird – also gewissermaßen die absichtliche Herbeiführung einer funktionellen Kommissurotomie.

Wie auf Seite 32 erwähnt, dürfte dieser Mechanismus spontan sowohl bei psychosomatischen Erkrankungen als auch in verschiedenen Dissoziationszuständen auftreten und bei letzteren zu den klinisch wohlbekannten Manifestationen der sogenannten Primärprozesse führen.

Viel weniger untersucht sind dagegen jene Geisteszustände, die sich spontan in lebensgefährlichen Situationen und ähnlichen Krisenmomenten ergeben und sich ganz im Gegensatz zu den psychopathologischen Bildern durch ein ungewöhnliches Maß an Wirklichkeitsanpassung, blitzschneller Erfassung der Lage und optimalem Handeln auszeichnen. Subjektiv beeindrucken diese Zustände durch die praktisch völlige Abwesenheit von Panik, Hilflosigkeit und dergleichen, und nachträglich staunt man darüber, wie man es in Bruchteilen von Sekunden, ohne Zeit zum Nachdenken, fertigbrachte, so angemessen zu reagieren. ALDOUS HUXLEY erwähnt den Bericht eines jungen Psychiaters,

der als ärztlicher Beobachter fünf Kampfeinsätzen der in England stationierten Achten Amerikanischen Luftflotte beiwohnte [...]. Er war bei einem Einsatz zugegen, in dessen Verlauf das B-17-Flugzeug und seine Mannschaft so stark mitgenommen wurden, daß eine Rettung nicht mehr möglich zu sein schien. Er hatte bereits die «Boden»-Persönlichkeiten der Mannschaft studiert und gefunden, daß sie eine große Vielfalt menschlicher Typen darstellten. Über ihr Benehmen im entscheidenden Augenblick berichtet er:
«Ihre Reaktionen waren bemerkenswert ähnlich. Während des heftigen Kampfes und in den dringenden Notfällen, die sich in seinem Lauf ereigneten, sprachen sie alle ruhig und genau am Bordtelephon und handelten entschlossen. Der Heckschütze, der rechte Mittelbordschütze und der Navigator wurden am Anfang des Kampfes schwer verwundet, alle drei erfüllten aber ihre Pflichten weiter, und zwar wirksam und ohne Unterbruch. Die Hauptlast der Notarbeiten fiel dem Piloten, dem Mechaniker und dem Bugschützen zu. Sie arbeiteten alle rasch, leistungsfähig und ohne überflüssige Bewegungen. Die Last der Entscheidungen während des Kampfes, aber besonders auch nachher, fiel im wesentlichen dem Piloten und in untergeordneten Details dem zweiten Piloten und dem Bombenschützen zu. Die Entscheide wurden sorgfältig und schnell getroffen, blieben dann unangefochten und erwiesen sich als ausgezeichnet. Während man jede Minute die Katastrophe

erwartete, wurden alternative Pläne klar festgelegt. Einziger Zweck derselben war die Sicherheit der gesamten Mannschaft. Alle waren jetzt ruhig, unauffällig munter und auf alles gefaßt. Keinen Augenblick gab es Lähmung, Panik, unklares Denken, fehlerhaftes oder konfuses Urteilen, oder Eigennutz unter ihnen» [55].

Nicht weniger interessant ist eine kürzliche Studie über das subjektive Erleben der letzten Sekunden vor dem (vermeintlichen) Tode. Zwei Forscher an der Universität von Iowa befragten 70 Männer und 34 Frauen, die in einer gefährlichen Situation um Haaresbreite am Tode vorbeigekommen waren. In fast der Hälfte der Fälle handelte es sich um Abstürze beim Bergsteigen, die anderen Situationen waren Badeunfälle, Verkehrsunglücke, Kriegserlebnisse, Herzanfälle und schwere allergische Reaktionen. Fast alle diese Personen erwähnten ein Gefühl der Zeitverlangsamung, der Ruhe und der Freiheit von Angst, und besonders das Erlebnis eines fast filmartigen Ablaufs unzähliger früherer Lebenssituationen in einer Frische und Unmittelbarkeit, als handelte es sich nicht um Erinnerungen, sondern um gegenwärtiges Erleben [73].

In wie weit es sich hier um ein Dominantwerden der rechten Hemisphäre handelt, oder ob diese Zustände vielleicht eher als ungewöhnliche, optimale Integration der beiden Hirnhälften anzusehen sind, dürfte sich beim heutigen Stand der Forschung noch kaum beantworten lassen. Was jedenfalls auffällt, sind zwei typisch rechtshemisphärische Eigenschaften: die gewisse Zeitlosigkeit der wenigen Sekunden und das bildhafte Erleben der Existenz fast wie als Zuschauer einer Filmvorführung.

Es versteht sich von selbst, daß sich solche lebensgefährlichen Krisensituationen zum Zwecke des Erlebens des eigenen Weltbilds und seiner Relativität nicht absichtlich herbeiführen lassen. Halluzinogene Drogen scheinen eine vergleichbare Wirkung zu haben, doch fällt immer wieder auf, daß es schwierig, wenn nicht unmöglich ist, irgend etwas in der Alltagswelt Brauchbares «von drüben» mitzubringen.

In der Therapie kennen wir jedoch einige weniger drastische Methoden zur vorübergehenden Blockierung der kritisch-analysierenden, logischen Zensur der Vernunft. Hier ist vor allem ERICKSONS *Konfusionstechnik* [25] zu erwähnen. Sie bewährt sich besonders bei Personen, die zum Intellektualisieren und zum pseudointellektuellen Zerreden der Bemühungen des Therapeuten neigen. Wie ihr Name nahelegt, besteht sie im wesentlichen in der Herstellung eines Zustands intellektueller Konfusion – sei es durch den Gebrauch überaus kompliziert klingender, pseudologischer Erklärungen, sei es durch die ernsthafte und daher verwirrende Erwähnung banalster Sachverhalte, oder einer Kombination dieser beiden. Frei nach ERICKSON, aber in der Praxis natürlich viel langatmiger und monotoner, wird eine solche Konfusion etwa folgendermaßen hergestellt:

Man denkt und denkt und die Dinge sind relativ meine Gedanken relativ zu Ihren und Ihre zu meinen was meinen Sie von meinem Sessel der für mich hier ist und Ihr Sessel ist für mich dort denn mein Hier ist hier und mein Dort ist dort und für Sie ist mein Dort Ihr Hier und mein Hier Ihr Dort und so fort in der Zeit das Gleiche weil die gleiche Zeit die Gegenwart ist während Ihr 18. Geburtstag vor Ihrem neunzehnten kam aber an Ihrem 18. Geburtstag war der siebzehnte in der Vergangenheit und der achtzehnte war jetzt und jetzt denken Sie an die Zukunft in der die Zukunft zur Gegenwart Ihres 20. Geburtstags wurde und so geht es mit den Eigenschaften der Worte wenn Sie an die Eigenschaftsworte denken gibt es Worte die ihre eigene Eigenschaft selbst haben und Worte die die eigene Eigenschaft nicht selbst haben weil das Wort *kurz* selbst kurz ist aber das Wort *lang* nicht selbst lang sondern so kurz wie *kurz* ist und das Wort *español* ist spanisch aber das Wort *spanisch* ist nicht spanisch das Wort *spanisch* ist deutsch und ...

In diesem Strom von Trivialitäten und Obskuritäten werden dann die eigentlichen Suggestionen entweder eingestreut (siehe Seite 50) und damit der Intellektualisierung entzogen, oder sie werden im Nebel der Konfusion unvermittelt und sozusagen im Klartext gegeben, so daß sich der Intellekt an sie als einzig greifbaren und daher besonders überzeugenden Anhaltspunkt klammert. Das obige Beispiel soll nicht den Eindruck erwecken, daß die Konfusionsmethode nur in der Hypnose anwendbar ist. Sie ist hier erwähnt, eben weil sie sich in die allgemeine therapeutische Kommunikation übernehmen läßt, wenn dabei auch die Pseudologik der Konfusion etwas hieb- und stichfester sein muß. Aber wer hat nicht schon in einer Alltagssituation vergeblich versucht, einer komplizierten und verwirrenden Erklärung zu folgen, und sich schließlich nur an die konkrete, verständliche Schlußfolgerung gehalten? Das Resultat war somit praktisch dasselbe [1]. In ähnlicher Weise pflegt ERICKSON nicht nur in der Tranceinduktion, sondern auch im allgemeinen therapeutischen Gespräch mit Patienten, die zum Rationalisieren und Zerreden neigen, bestimmte

---

[1] Auch das der Konfusionstechnik diametral entgegengesetzte Vorgehen stellt eine wirksame Intervention dar, und zwar in Situationen, in denen jemand von Panik oder Schmerzen überwältigt ist und sich daher sozusagen in einem Zustand akuter Konfusion *befindet*. In einer derartigen Lage kann man sich mit Vorteil einer in der Hypnotherapie häufig praktizierten Verschiebung der Aufmerksamkeit bedienen, nur daß hier eine Verschiebung von der Irrationalität *zur* Rationalität angestrebt wird. Die absurde Frage, «Was aßen Sie heute zum Frühstück?» oder «Welches Finanzamt ist für Sie zuständig?», gefolgt von weiteren, damit scheinbar irgendwie zusammenhängenden Fragen, alle in einem Tonfall gestellt, als handle es sich um eine Sache von größter Wichtigkeit und Dringlichkeit, kann eben wegen ihrer unbegreiflichen Sinn- und Bezugslosigkeit zur Panik der gegenwärtigen Situation die gewünschte Verschiebung der Aufmerksamkeit bewirken und Distanz zum Jetzt und Hier setzen.

Fragen an sie zu richten, und im Augenblick, da der andere sich zu antworten anschickt, schon wieder die nächste Frage zu stellen. Der solcherart mit Fragen Bombardierte wird immer wieder gezwungen, sich geistig auf die neue Frage umzustellen, ohne seine Denkprozesse je durch eine Antwort zum Abschluß bringen zu können. Das Ergebnis ist eine intellektuelle Blockierung.

Diese Methode beschränkt sich nicht auf den therapeutischen Dialog, sondern kann sozusagen monologisch durch einen an Schlaflosigkeit Leidenden auf sich selbst angewendet werden. Wer kennt aus seinen eigenen schlaflosen Stunden nicht jene scheinbar unentrinnbare Tretmühle der Gedanken, von der auch unsere an Schlafstörungen leidenden Patienten fast ausnahmslos berichten? Wenn es nur irgendwie gelänge, dieses unablässige Kreisen der Gedanken abzustellen, so, vermuten sie nicht zu Unrecht, würde sich der Schlaf bald einstellen. Auf Befragung geben sie an, daß diese Gedanken ein Monolog oder ein imaginärer Dialog sind, der, wie gesprochene Sätze (und wie ja alles gerichtete Denken), den Regeln der Grammatik und Syntax folgt. Da es aber einem Sprecher ohne weiteres möglich ist, einen Satz in der Mitte zu unterbrechen und nicht zu Ende zu sprechen, ergibt sich hier ein therapeutischer Ansatz: Genau wie den gesprochenen Satz, kann man auch den gedachten Satz in der Mitte abbrechen und nicht zu Ende denken. Man kann den Patienten dies gleich in der Sprechstunde üben lassen, vor allem damit er sofort bemerkt, wie sich auf jeden unterbrochenen Gedanken sofort ein neuer einstellt, den er ebenfalls wieder nicht zu Ende denken soll; worauf unweigerlich ein dritter daherkommt usw. in scheinbar endloser Folge. Was aber bei konsequenter Durchführung dieser Übung auch nur für wenige Minuten (die einem allerdings wie Stunden vorkommen) eintritt, ist eine schlaffördernde intellektuelle Konfusion, die vom gerichteten Denken des Wachbewußtseins zu den bildhaften Prozessen des Traumes überführt. Je nach seinem Weltbild mag der Leser in dieser Intervention eine aufgewärmte und modernisierte Version des altbekannten «Schafezählens» sehen, oder eine Anwendung des Begriffs der *buddhistischen Aufmerksamkeit,* bei der bekanntlich größtmögliches Bewußtsein über alltägliches Denken, Fühlen und Handeln als Befreiung von den Fesseln des Alltags angestrebt wird.

Und damit sind wir bei einem Thema, dessen eingehendere Behandlung den Rahmen dieses Buches sprengen würde, das aber doch wenigstens kurz erwähnt sei. Die Mystiker aller Zeiten und Zonen verwendeten (und verwenden) gewisse Übungen und geistige Hilfsmittel, um sich von der Illusion der sogenannten Wirklichkeit zu befreien. Eine solche Methode ist der zen-buddhistische *koan,* eine Denkübung, deren Absurdität oder Paradoxie die Fähigkeiten rationaler Erfassung blockiert und scheitern läßt. Was dann ins Bewußtsein treten kann, dürfte das Begreifen des eigenen Weltbildes eben als *ein Bild* der Wirklichkeit und nicht als *die* Wirklichkeit sein. Überhaupt liegt die Vermutung nahe, daß die sogenannten mystischen Durchbruchserlebnisse Augenblicke sind, in denen wir – aus welchem Grunde auch immer – aus der Selbstrückbezüglichkeit unseres Weltbilds heraustreten und es blitzartig «von außen» und damit in seiner Relativität und seiner Möglichkeit des Andersseins sehen. Nur wer dies erlebt hat, weiß, daß das Ergebnis nicht eine Zersetzung und Auflösung der Wirklichkeit ist, sondern ein Gefühl der Befreiung und existenziellen Sicherheit vermittelt, das z. B. Graf DÜRCKHEIM als die *Große Erfahrung* [20] beschreibt.

Um aber vom Esoterischen wieder auf die rein handwerklichen Aspekte der praktischen Therapie zurückzukommen, sei zusammengefaßt, daß es sich bei den in diesem Kapitel erwähnten Interventionen im wesentlichen um eine Überladung der linken Hemisphäre handelt, wodurch unmittelbare Kommunikation mit der rechten möglich wird. Der Vergleich mit einem Taschendiebstahl oder einem Zauberkunststück liegt nahe, bei dem ja auch die Aufmerksamkeit von der entscheidenden Handlung abgelenkt wird. Der Patient versucht, der Pseudologik zu folgen und die Paradoxie aufzulösen und scheitert daran, während die rechte Hirnhälfte die in ihrer Sprache verständlichen Kommunikationselemente auffaßt, oder überhaupt vorübergehend dominant wird.

In seiner Erzählung *Mario und der Zauberer* beschreibt THOMAS MANN den Gebrauch paradox-suggestiver Sprache durch einen Bühnenhypnotiseur. Ich erwähne dieses Beispiel hier, da es, obwohl fiktiv, ohne weiteres wirklich genau so hätte stattfinden können; es scheint fast, als habe MANN es mitstenographiert. Der Hypnotiseur, Cavaliere Cipolla, ein recht zweifelhaftes Subjekt, der am Ende der Erzählung zum Opfer seines eigenen überheblichen und entwürdigenden Vorgehens wird, wählt einen Zwischenrufer, der das Publikum zum Lachen brachte, als sein erstes Opfer:

«Ah bravo!» antwortete Cipolla. «Du gefällst mir, Giovanotto. Willst du glauben, daß ich dich längst gesehen habe? Solche Leute, wie du, haben meine besondere Sympathie, ich kann sie brauchen. Offenbar bist du ein ganzer Kerl. *Du tust, was du willst. Oder hast du schon einmal nicht getan, was du wolltest? Oder gar getan, was du nicht wolltest? Was nicht du wolltest?* Höre, mein Freund, da müßte bequem und lustig sein, nicht immer den ganzen Kerl spielen und für beides aufkommen zu müssen, das Wollen und das Tun. Arbeitsteilung müßte da einmal eintreten – sistema americano, sai? Willst du zum Beispiel jetzt dieser gewählten und verehrungswürdigen Gesellschaft hier die Zunge zeigen, und zwar die ganze Zunge bis zur Wurzel?»

74

«Nein», sagte der Bursche feindselig. «Das will ich nicht. Es würde von wenig Erziehung zeugen.»

«Es würde von gar nichts zeugen», erwiderte Cipolla, «denn du *tätest* es ja nur» [...].

Dann zählt Cipolla bis drei und der Bursche streckt seine Zunge heraus.

– Später suggeriert er demselben Jungen eine Kolik:

«Es war leichtsinnig, heute nachmittag so viel von diesem weißen Wein zu trinken, der schrecklich sauer war. Jetzt hast du die Kolik, daß du dich krümmen möchtest vor Schmerzen. Tu's nur ungescheut! Es ist eine gewisse Linderung verbunden mit dieser Nachgiebigkeit des Körpers gegen den Krampf der Eingeweide» [...].

«Krümme dich», wiederholte Cipolla. «Was bleibt dir anderes übrig? Bei solcher Kolik muß man sich krümmen. *Du wirst dich doch gegen eine natürliche Reflexbewegung nicht sträuben, nur, weil man sie dir empfiehlt?*»

Und mit einer Versuchsperson, die ihn wissen läßt, daß sie entschlossen sei, beim Ziehen einer Karte nach freiem Eigenwillen zu wählen:

«Sie werden mir», antwortete der Cavaliere, «damit meine Aufgabe etwas erschweren. An dem Ergebnis wird Ihr Widerstand nichts ändern. Die *Freiheit existiert*, und auch der *Wille existiert; aber die Willensfreiheit existiert nicht*, denn ein Wille, der sich auf seine Freiheit richtet, stößt ins Leere. Sie sind frei, zu ziehen oder nicht zu ziehen. Ziehen Sie aber, so werden Sie richtig ziehen, – desto sicherer, je eigensinniger Sie zu handeln versuchen.» (Kursiv von mir).

Il est interdit d'interdire

Das Vorgehen Cipollas macht offensichtliche Anleihen bei der vielleicht wirkungsvollsten Kommunikationsform, nämlich der Paradoxie. Auch ihre Ansätze reichen weit in die Vergangenheit zurück; ihre erste systematische Erfassung ist zweifellos der Artikel «Auf dem Wege zu einer Schizophrenie-Theorie» von BATESON und seinen Mitarbeitern aus dem Jahre 1956 [8], in dem der Begriff der *Doppelbindung (double bind)* in die Psychiatrie eingeführt wurde. Inzwischen ist die Literatur über dieses Thema so angeschwollen, daß zur Vermeidung ermüdender Wiederholungen einige kurze Hinweise genügen dürften [2].

Die Paradoxie ist die eigentliche Achillesferse unserer logisch-analytisch-rationalen Welterfassung. Sie ist der Punkt, an dem die scheinbar allumfassende Einteilung der Welt in Gegensatzpaare, vor allem der aristotelischen Dichotomie von wahr und falsch, zusammenbricht und sich als unzulänglich erweist [3]. Der französische Ausdruck, *Il est interdit d'inter-*

---

[2] Zur Einführung in diese Thematik können genannt werden: 107, S. 171–238; 108, S. 84–96; 109, S. 25–38 und 96.

[3] Für den an logischen Problemen interessierten Leser sei erwähnt, daß wichtige Ansätze zur Überwindung dieser Schwierigkeit sich in der mathematischen Grup-

dire, ist ein gutes Beispiel für eine paradoxe Kommunikation: Das Verbot, etwas – irgendetwas – zu verbieten, ist natürlich selbst ein Verbot und schafft eine logisch unhaltbare Lage, weil es sich selbst verbietet und daher selbstrückbezüglich aufhebt. Denn wenn jegliches Verbieten verboten ist, dann ist auch das Verbot des Verbietens verboten, was aber bedeutet, daß Verbieten erlaubt ist – ist es aber erlaubt, dann ist es verboten, denn das Verbot, zu verbieten, bezieht sich ja auf alle Verbote, usf. in alle Ewigkeit. Es ist aber kaum anzunehmen, daß dieses theoretische Beispiel je praktisches Unheil anstiften wird. Von konkreter Bedeutung ist dagegen eine ganze Klasse von Verhaltensaufforderungen, die die oft erwähnte «Sei spontan!»-Paradoxie als gemeinsamen Nenner haben. Das Wesen dieser Paradoxieform besteht darin, daß in einer zwischenmenschlichen Situation ein Partner vom andern ein Verhalten fordert oder voraussetzt, das seiner Natur nach sich nur spontan ergeben kann, nicht aber, wenn es verlangt wird: die Forderung macht das Geforderte unmöglich. Die klinisch vielleicht wichtigste «Sei spontan!»-Paradoxie ist das Verbot des Traurigseins und die dazu gehörige, in vielen Variationen mögliche Forderung: «Sei fröhlich!». Fröhlichkeit läßt sich aber so wenig erzwingen, wie sich Traurigkeit auf Wunsch vergessen läßt. Das Resultat ist ein quälendes Gefühl der Hoffnungslosigkeit, des Nichts-recht-tun-Könnens, kurz: der Depression im Empfänger dieser paradoxen Kommunikation. Damit ist aber auch bereits gesagt, daß er diese Kommunikation *selbst* nicht in Frage stellt, sondern sich ihr unterwirft; täte er dies aber nicht, so könnte sie ihm nichts anhaben. Dies aber bedeutet nicht mehr und nicht weniger, als daß er – wie klinische Erfahrung dies immer wieder zeigt – die Paradoxie auf sich selbst anwendet und die ursprünglich von außen gekommene Forderung nach Spontaneität damit verinnerlicht (introjiziert) hat. Je mehr er nun versucht, das «rechte» Gefühl der Fröhlichkeit in sich zu erwecken, desto akuter wird die Paradoxie und desto tiefer sinkt er in seine Depression. Nicht wesentlich anders ergeht es dem Schlaflosen, der sich ebenfalls bemüht, das Spontanphänomen Einschlafen willentlich zu erreichen. Auch er versetzt sich in eine «Sei spontan!»-Paradoxie, die gerade das Gewünschte unmöglich macht.

---

pentheorie und in der Kybernetik finden. Besonders wichtig scheinen mir in diesem Zusammenhang BROWNS *Laws of Form* [15] und VARELAS «Calculus for Self-Reference» [102] (die meines Wissens leider beide noch nicht auf deutsch vorliegen), sowie GÜNTHERS *Bewußtsein der Maschinen* [48].

Damit ist die Basis einer weiteren Intervention umrissen. Wer an der Unfähigkeit leidet, etwas zu tun, oder umgekehrt unter dem Zwange, etwas tun zu müssen, kurz: wer ein Symptom hat, befindet sich in einer analogen Lage. Wir empfinden Symptome als Hemmungen oder Impulse, die sich unserer Beherrschung entziehen und in diesem Sinne rein spontan sind. Damit aber bietet sich zu ihrer Beeinflussung das Prinzip des *similia similibus curantur* an. Wenn der absichtliche Versuch, fröhlich zu sein, Depression erzeugt, und die Bemühung, einzuschlafen einen wach erhält, dann folgt daraus, daß das absichtliche Ausführen von Symptomhandlungen sie ihrer scheinbar unbeherrschbaren Spontaneität berauben muß. Dies ist tatsächlich der Fall, und die Intervention besteht daher in der *Verschreibung* – und nicht der traditionellen Bekämpfung – des Symptoms.

Medizinmänner, Schamane und ähnliche außergewöhnliche Kenner der menschlichen Seele, von der grauen Vorzeit bis zu Carlos Castañedas Lehrer Don Juan, dürften diese Intervention schon immer verwendet haben. Mit seinem Begriff der paradoxen Intention hat VIKTOR FRANKL die Technik schon vor Jahrzehnten an vielen Stellen seines Werkes [z. B. 33] beschrieben. Das älteste mir aus der Literatur bekannte Beispiel ist aber die Behandlung eines Falles von Impotenz, die der berühmte englische Arzt JOHN HUNTER (1728–1793) in seinem Buch, *A Treatise on the Venereal Disease* erwähnt:

... Nach einer über einstündigen Untersuchung des Falles ergaben sich folgende Tatsachen: daß er starke Erektionen hatte, wenn er sie nicht brauchte, und daß diese Erektionen von sinnlichem Begehren begleitet waren, womit alle natürlichen Voraussetzungen gegeben waren; daß da aber irgendwo noch eine Störung war, von der ich annahm, daß sie in seiner Seele lag. Ich fragte ihn, ob es bei allen Frauen dasselbe war, seine Antwort war «nein»; mit einigen Frauen konnte er, genau wie er schon immer, geschlechtlich verkehren. Damit war die Störung, was immer sie sein mochte, schon enger lokalisiert; und es hatte den Anschein, daß seine Unfähigkeit nur von einer Frau hervorgerufen wurde, und daß diese Unfähigkeit vom Wunsche erzeugt wurde, mit dieser Frau den Liebesakt gut auszuführen; welcher Wunsch in ihm einen Zweifel hervorrief, oder die Furcht, nicht erfolgreich zu sein, was der Grund für seine Unfähigkeit war [...]. Da sich dies ausschließlich aus seinem Seelenzustand ergab [...], mußte die Seele auch für die Behandlung verwendet werden; und ich sagte ihm, daß er geheilt werden könne, wenn er sich voll und ganz auf die Macht seiner Selbstversagung verlassen konnte. Als ich ihm erklärte, was ich meinte, sagte er mir, daß er sich auf jeden seiner Willensakte oder Vorsätze verlassen könne; ich sagte ihm darauf, daß er, wenn er in dieser Hinsicht volles Selbstvertrauen hatte, mit jener Frau zu Bett gehen solle, sich selbst aber vorher das Versprechen ablegen müsse, die nächsten sechs Nächte lang mit ihr keinen Geschlechtsverkehr zu haben, was immer dabei seine Neigungen und Triebe auch sein möchten; was er zu tun versprach; und daß er mir das Ergebnis mitteilen solle. Ungefähr vierzehn Tage später sagte er mir, daß dieser Entschluß eine so voll-

77

kommene Änderung seines Geisteszustands herbeigeführt hatte, daß die Wirkung sich bald einstellte, denn statt mit der Angst vor Unfähigkeit ins Bett zu gehen, ging er mit der Furcht ins Bett, von einem solchen Übermaß an Begehren besessen zu sein, daß es für ihn schwer erträglich werden würde, was tatsächlich eintrat; denn er wäre froh gewesen, die Frist zu kürzen; und als er den Bann einmal gebrochen hatte, wirkten seine Seele und seine Potenz zusammen; und er verfiel nie wieder in seinen früheren Zustand [54].

Was wir aus diesem Beispiel lernen können, gilt praktisch für alle Symptomverschreibungen. Die bewußte Willensanstrengung auf ein Ziel hin macht entweder das Eintreten einer normalen, spontanen, keine besondere Planung voraussetzenden Reaktion unmöglich, oder erzeugt abnorme, ungeplante und unerwünschte Spontanreaktionen. Im einen wie im anderen Falle liegt das Problem bei der Willensanstrengung, d. h. bei der versuchten Lösung. *Diese,* und nicht die ausbleibende, erwünschte oder die eintretende, unerwünschte Reaktion, hat daher das Ziel der therapeutischen Intervention zu sein. Diese problemerzeugende Ursache, die versuchte Lösung des Problems (das ohne diese «Lösung» überhaupt nicht bestünde), ist aber im Sinne der Hemisphärentheorie linkshemisphärisch. Die Symptomverschreibung blockiert die versuchte Lösung und damit auch ihre Konsequenz, das Symptom [4].

Hierzu einige weitere praktische Beispiele:

In einer Ehetherapie erwähnt der Mann, daß seine sehr unsichere Frau immer wieder fragt, «Liebst du mich noch?», bzw. ihn mit Feststellungen, wie «Ich weiß, daß du mich sitzenlassen und davongehen wirst», zur Verzweiflung treibt. Die Frau gibt das zu, vermag aber keinen anderen Grund für ihr Verhalten anzugeben, als ihre allgemeine Nervosität und ihren Pessimismus. Sie ist sich sogar darüber im klaren, daß die immer wiederholten Zweifel an seiner Liebe ihn schließlich ungehalten, verärgert und tatsächlich lieblos machen, und daß ihre Erwartung, von ihm verlassen zu werden, auf die Dauer zu einer selbsterfüllenden Prophezeiung werden könnte. Damit übereinstimmend berichtet der Mann, daß er bisher die einzige Lösung versucht hat, die ihm vernünftig erscheint, nämlich auf ihre angstvolle Unsicherheit beschwichtigend und durch gutes, liebevolles Zureden einzuwirken, daß sie sich aber darauf, wenn überhaupt, nur für kurze Zeit beruhigt und bald wieder zu bohren beginnt. Dem Therapeuten

---

[4] Solange wir an der traditionellen, «horizontalen» Trennung zwischen Bewußtem und Unbewußtem festhalten, scheint damit der Begriff der Pathogenese auf den Kopf gestellt: das Bewußtsein und nicht das Unbewußte wäre dann nämlich die symptomerzeugende Instanz. Wenn wir uns aber mit der Idee einer «vertikalen» Trennung der beiden Großhirnhälften (dem, wie erwähnt, modernen Äquivalent der Dissoziationstheorie JANETS) befreunden können, so ergibt sich keine theoretische Diskrepanz.

stehen nun zwei Wege offen: Er kann entweder seinerseits nach den tiefen, intrapsychischen Ursachen des Verhaltens der Frau zu bohren beginnen, oder er kann die Situation kommunikationstherapeutisch angehen. In diesem Falle wird er unschwer begreifen, daß die beiden in einer «Sei spontan!»-Paradoxie verstrickt sind, und daß der beste Ansatzpunkt die versuchte Lösung des Mannes ist. Im Einzelinterview wird er ihm dann auftragen, ihr – statt zum hundertsten Male zu versuchen, sie zu beschwichtigen – lächelnd zuzustimmen: «Natürlich liebe ich dich nicht und werde bestimmt bald davongehen». Der Rest ist beiderseitige Heiterkeit.

Ähnlich wie dieser Ehemann kann auch ein Therapeut leicht den Fehler begehen, einen gehemmten Patienten durch mehr oder weniger nachdrückliches Zureden zu größerem Vertrauen und damit auch zum Sich-Eröffnen zu bringen. Viel wirkungsvoller umgeht man diesen Widerstand dagegen mit der Anweisung: «Teilen Sie mir nichts mit, das Sie mir nicht sagen wollen, bis Sie dazu wirklich bereit sind». Oder: «Ich will nicht, daß Sie schon heute darüber sprechen – auf keinen Fall erst vor Ende der nächsten Woche!»

In diesem Zusammenhang ist auch die von uns am Mental Research Institute entwickelte Methode der «schlimmsten Phantasie» zu erwähnen. Sie ermöglicht es oft, an ein tabuiertes oder angstbesetztes Thema sozusagen durchs Hintertürchen heranzukommen, indem man den Betreffenden auffordert, nicht darüber zu sprechen, wovor er sich «wirklich» fürchtet, sondern sich die katastrophalsten, unwahrscheinlichsten Folgen auszumalen, die sein Problem haben könnte. Solcherarts völlig der Beschränkungen des Wirklichen, Möglichen und Vernünftigen entbunden, fällt es den meisten Menschen leichter, sich (und dem Therapeuten) die wirklichen, möglichen Folgen vernünftig vor Augen zu führen. Wie der Leser feststellen kann, ist auch diese Intervention das genaue Gegenteil dessen, was einem der «gesunde Menschenverstand» nahelegt.

BANDLER und GRINDER [7] erwähnen eine Patientin (Teilnehmerin an einer Gruppensitzung), deren Symptom darin bestand, nicht «nein» sagen zu können. Wie sich leicht vorstellen läßt, verursachte ihr diese Unfähigkeit stereotype Lebensprobleme, vom materiellen Ausgenütztwerden bis in den sexuellen Bereich. In ihrem Weltbild aber war Neinsagen mit viel katastrophaleren Folgen assoziiert. Angeblich hatte sie sich als Kind einmal geweigert, bei ihrem Vater daheimzubleiben; als sie nach Hause zurückkehrte, fand sie ihn tot. Seither fürchtete sie die magischen Folgen jeder Verneinung und vermied sie [5].

---

[5] Die Vermeidung als «bestmögliche» Lösung von Problemen erzeugt einen sehr

In der Gruppensitzung verschrieb der Therapeut ihr Symptom, indem er sie aufforderte, jedem Anwesenden etwas zu verneinen. Sie lehnte dieses Ansinnen fast panisch ab: «Nein, es ist mir völlig unmöglich, 'nein' zu anderen Menschen zu sagen!» Der Therapeut bestand auf seiner Anweisung und die Patientin lehnte sie immer entschiedener und hartnäckiger ab. Erst nach einigen Minuten dieser Interaktion legte sie sich Rechenschaft darüber ab, daß sie soeben ohne katastrophale Folgen etwas, nämlich das Neinsagen, verneint hatte, und dem Ziel der Verneinung nichts geschehen war.

Die Struktur dieser eleganten Symptomverschreibung (die jeder erfolgreichen therapeutischen Doppelbindung zugrundeliegt) ist demnach:

1. Symptom: «Ich kann nicht nein sagen.»
2. Symptomverschreibung: «Sagen Sie zu jedem Anwesenden 'nein'.»
3. Therapeutische Doppelbindung: Zwei Alternativen («nein» zu jedem Anwesenden oder «nein» zum Therapeuten), die beide das gewünschte Ergebnis haben.

Diese Struktur wird uns weiter unten bei der Besprechung der Illusion der Alternativen erneut beschäftigen.

Symptomverschiebungen

Gewissermaßen auf halbem Wege zwischen den Symptomverschreibungen und den noch zu behandelnden Umdeutungen steht die Technik der Symptomverschiebung. Es handelt sich dabei nicht um den Versuch einer unmittelbaren Behebung, sondern einer vorläufigen Verlagerung des Symptoms, wodurch aber seine Beeinflußbarkeit dem Patienten unmittelbar bewußt wird.

Auch diese Technik ist in der Hypnotherapie seit längster Zeit bekannt und wird dort vor allem zur Behandlung der notorisch subjektiven und

interessanten Teufelskreis. Das Nichteintreten des Gefürchteten als vermeintliche Folge der Vermeidung verstärkt den Glauben an die Notwendigkeit und die Wirksamkeit der Vermeidung. Dadurch beraubt sich der Betreffende aber der Möglichkeit, jemals zu entdecken, daß das Gefürchtete auch *ohne* das Ritual der Vermeidung nicht eintreten würde. Damit wird die vermeintliche Lösung zum Problem, und die Therapie muß auf diese «Lösung» und nicht auf das angebliche «Problem» (also z. B. die Folgen eines Erlebnisses in der Kindheit) angewandt werden. (Näheres darüber in 108, S. 51–9).

Man vergleiche hierzu auch den bekannten Witz vom Manne, der alle zehn Sekunden in die Hände klatscht. Nach dem Zweck dieses merkwürdigen Verhaltens befragt, sagt er: «Um die Elefanten zu verscheuchen». – «Elefanten? – Es sind doch gar keine Elefanten da?» Darauf er: «Na, bitte!»

von zwischenmenschlichen Kontexten weitgehend abhängigen Schmerzempfindungen angewandt. Hierzu bedient man sich zweier Möglichkeiten: Verschiebung in der Zeit (z. B.: «Ihr Schmerz wird sich auf Montag-, Mittwoch- und Freitagabend von acht bis neun Uhr konzentrieren») oder im Raum (z. B.: «Ihr Schmerz wird langsam von der Hüfte durch das linke Knie in den linken Fuß absinken»). Näheres darüber findet der interessierte Leser in jedem Lehrbuch der klinischen Hypnose.

Es besteht jedoch noch eine dritte Möglichkeit, nämlich die absichtliche Verwendung eines Symptoms anstelle seines passiven Erleidens, und die damit verbundene Verschiebung seiner Bedeutung, was – wie oben erwähnt – diese Intervention in die Nähe der Umdeutung bringt. Da ich die Umdeutungen gesondert beschreiben möchte, sei hier nur ein typischer Fall von Verschiebung kurz erwähnt.

ERICKSON behandelte eine sexuell sehr gehemmte, seit neun Jahren verheiratete Patientin, die im Verlauf des Geschlechtsverkehrs, oft aber auch schon vorher, akute Erstickungsanfälle bekam. Aus der sehr langen Fallbesprechung sei hier nur die Stelle zitiert, in der ERICKSON erwähnt, daß er mit der Patientin (in Befolgung der Regel des unaufgelösten Restes) zum Einverständnis kam, daß sie sich ihr Symptom für andere, nützlichere Zwecke aufsparen würde. Er begründet seine Intervention wie folgt:

.. Wieviele Patienten nehmen es Ihnen übel, wenn Sie ihnen ihre Schwierigkeit wegnehmen? Wieviele Blinddärme werden von Familien sozusagen als Reliquien in Formaldehyd aufbewahrt? Hat Ihnen noch nie jemand erzählt: ‹Das ist mein Blinddarm, den der Doktor herausgenommen hat. Was meinen Sie, wieviele Blinddarmanfälle ich hatte›? [...]. Was ich dieser Patientin sagte, lief auf folgendes hinaus: ‹Stecken wir Ihr Ersticken und Ihr Würgen in so eine Art Formaldehydflasche – und Sie können es behalten, es gehört Ihnen.» Sie sagte mir, wofür sie ihr Würgen und Atemringen verwenden wollte: ‹Da ist ein Ehepaar, mit dem wir seit langem bekannt sind, aber ich kann die beiden nicht leiden. Sie kommen dauernd zu Besuch und wollen immer trinken, und trinken immer übers Maß. Sie haben immer etwas auszusetzen, wenn wir nicht den besten Whisky haben [...]. Ich möchte sie loswerden, ich mag sie nicht als unsere Freunde.» Und jedes Mal, wenn dieses Ehepaar auf Besuch kam, hatte sie einen Erstickungs- und Würgeanfall, und nun ist sie sie los [49a, S. 257–8].

Indem ERICKSON das Symptom auf diese Weise paradox verschieb und von dem ursprünglichen Kontext auf die Situation mit dem unsympathischen Ehepaar verschob, war die Patientin es in dem Augenblick los, in dem sie (als Folge des verschobenen Symptoms) auch das Ehepaar los wurde. Was bei dieser Interventionsform auffällt, ist, daß es sich auch hier um ein im Grunde längst bekanntes Phänomen – Symptomverschiebung – handelt, das aber bisher nur als negative Komplikation betrachtet wurde, nicht aber als ein absichtlich in Gang setzbarer therapeutischer Prozeß.

Die Illusion der Alternativen

In einer im anglo-amerikanischen Sprachraum weitverbreiteten Anekdote donnert der Richter den Angeklagten an: «Haben Sie endlich aufgehört, Ihre Frau zu mißhandeln?» und bedroht ihn mit Bestrafung wegen Mißachtung des Gerichts, weil er nicht klipp und klar «ja» oder «nein» antwortet, sondern zu erklären versucht, daß er seine Frau *nie* mißhandelt hat und die Frage des Richters daher nicht zutrifft. Von der Formallogik her ist diese leider gar nicht unwahrscheinliche Geschichte sehr interessant. Die Frage des Richters wäre durchaus zutreffend, wenn nachgewiesen wäre, daß der Angeklagte seine Frau prügelt oder es zumindest früher tat. In diesem Falle bestünden nur die beiden vom Richter erwähnten Möglichkeiten: Entweder der Mann hat aufgehört, seine Frau zu mißhandeln, oder er tut es immer noch. Eine dritte Möglichkeit gibt es da nicht – und damit sind wir wieder am *tertium non datur* der aristotelischen Logik angelangt. Diese Logik ist eine Logik der Alternativen (von lat. *alter:* der oder das Zweite oder Andere von zweien), von denen jeweils eine zutrifft («wahr», «wirklich» ist) und die andere daher nicht. Denn innerhalb dieses Rahmens kann nichts sowohl beides (wahr *und* falsch), noch keines von beiden *(weder* wahr *noch* falsch) sein. Nach dieser für den Alltagsbedarf ausreichenden Logik ordnen wir unsere Welt. Das Malheur ist nur, daß einerseits gegen diese Ordnung nur zu leicht verstoßen wird, andererseits diese Verstöße vor allem in den Beziehungen zu unseren Mitmenschen unsere Logik und Vernunft weitgehend *ad absurdum* führen. Der oben erwähnte Angeklagte mag sich die Haare ausraufen, den Richter beschimpfen oder nach der Verhandlung seine Frau stellvertretenderweise tatsächlich verprügeln – aber mit seiner Vernunft zu erfassen, was ihm widerfuhr, dürfte ihm nicht leicht fallen.

Dieses Kommunikationsmuster wurde zum ersten Mal von WEAKLAND und JACKSON in der Interaktion der Familien Schizophrener identifiziert und die *Illusion der Alternativen* genannt [110]. Wie diese Bezeichnung und das obige Beispiel nahelegen, handelt es sich dabei um den Zwang zu einer Wahl zwischen zwei Alternativen, die aber deswegen illusorisch ist, weil weder die eine noch die andere Alternative zutrifft, gebilligt wird, oder aus irgendeinem anderen Grunde praktisch möglich ist. Der in dieser Falle Gefangene ist daher «damned if he does and damned if he does not», wie es im Englischen so zutreffend heißt.

Hierzu einige Beispiele:

1. «Heads I win – tails you lose» lautet ein anderer, im Englischen weitverbreiteter Ausdruck, der sich auf das Werfen einer Münze als Entschei-

82

dungsverfahren bezieht und etwa mit «Kopf *[heads]:* ich gewinne – Adler *[tails]:* du verlierst» übersetzt werden kann. Dies scheint die Entscheidung dem unparteiischen Walten des Zufalls zu überlassen; bei näherem Hinsehen ist es dagegen klar, daß die beiden Alternativen illusorisch sind, weil der Partner auf der Basis dieser Vereinbarung (die infolge ihrer chiastischen Struktur noch überzeugender klingt) auf *jeden* Fall verliert. Die Möglichkeit des Gewinnens ist für ihn nicht gegeben.

2. Aus einer Familienpsychotherapie-Sitzung berichtet Laing folgenden Dialog zwischen einer Mutter und ihrer schizophrenen Tochter:

Mutter: Ich bin nicht böse, daß du so redest. Ich weiß ja, du meinst es nicht wirklich so.
Tochter: Aber ich meine es so.
Mutter: Nun, Liebes, ich weiß, du meinst es nicht so. Du kannst dir nicht selber helfen.
Tochter: Ich kann mir selber helfen.
Mutter: Nein, Liebes, ich weiß, du kannst es nicht, denn du bist krank. Würde ich einen Augenblick vergessen, daß du krank bist, dann wäre ich sehr wütend auf dich [67].

So, wie die Mutter das Verhalten der Tochter sieht, bleiben jener nur zwei Alternativen: Verrücktheit oder Frechheit.

3. In gestörter Familieninteraktion läßt sich oft feststellen, daß die Eltern von ihrem Sohn (oder ihrer Tochter) vernünftigerweise erwarten, daß er sich selbständig mache und sein eigenes Leben zu leben beginne, andererseits aber jeden diesbezüglichen Schritt des Sohns als Undankbarkeit, Lieblosigkeit und geradezu Verrat auslegen. Gleichgültig, ob er nun von ihnen abhängig bleibt oder sich abzulösen versucht, er hat auf jeden Fall unrecht und ist ein schlechter Sohn.

4. Alkoholiker legen besonderen Wert darauf, für liebevolle, respektable Gatten und Väter zu gelten. Kommt so ein Mann betrunken nach Hause, so gibt es für seine Angehörigen nur zwei Möglichkeiten: Entweder sie zeigen ihre auf Grund bereits erlittener Gewalttätigkeiten nur zu begründete Angst vor neuerlicher Rohheit, worauf er gewalttätig reagieren dürfte, da dies ja beweist, daß sie ihn nicht als liebe- und rücksichtsvollen Familienvater sehen; oder sie versuchen eben aus Angst davor, ihre Angst zu verheimlichen, in welchem Falle er sie wegen ihrer «Unaufrichtigkeit» angreifen kann[6].

---

6 Obwohl die folgende Bemerkung nicht direkt mit diesem Thema zusammenhängt, sei erwähnt, daß es doch *einen* Ausweg aus dieser unhaltbaren Lage gibt: Man könnte sich vorstellen, daß eines seiner Kinder vor «einem riesigen, schwarzen, feuerspeienden Gorilla» aus dem Haus flüchtet. Diese Metapher, die etwa besagt, «Du bist ein furchterregendes, nach Schnaps stinkendes Ungeheuer», würde nun den Vater in eine unhaltbare Lage versetzen, denn einerseits meint das Kind ja

5. Teil der Einstellung des Paranoiden zu seiner Umwelt ist es bekanntlich, in den Versicherungen anderer, sie führen nichts gegen ihn im Schilde und wollen nur sein Bestes, weitere Beweise für ihre bösen Absichten zu sehen. Gleichgültig also, wie die anderen auf sein Mißtrauen reagieren und was immer sie sonst tun, sie sind ihm verdächtig.

6. SEARLES [91] beschreibt mehrere typische Kommunikationsmuster, die er treffend als «Methoden, den anderen verrückt zu machen», bezeichnet. So kann man z. B. einen Partner «verrückt machen», indem man ein und dasselbe Thema einmal in spaßhafter und das nächste Mal in todernster Weise behandelt und den Partner dann entweder beschuldigt, keinen Sinn für Humor oder nicht den nötigen Ernst zu haben; oder indem man sich in einer gesellschaftlichen Situation, die erotisches Verhalten ausschließt, sexuell provokant benimmt und den Partner, je nach seiner Reaktion, als sexuell gehemmt oder unverschämt bezeichnet – *tertium non datur*.

Alle diese Beispiele zeigen, daß eine Illusion der Alternativen dadurch zustande kommt, daß scheinbar zwei Möglichkeiten zur Wahl stehen, beide aber nicht wirklich gegensätzliche Möglichkeiten sind, sondern trotz ihrer vermeintlichen Gegensätzlichkeit nur *einen* Pol eines übergeordneten Gegensatzpaares darstellen. Dieser Metagegensatz ist nicht leicht zu beschreiben. Versuchen wir es mit dem Beispiel vom Richter und dem Angeklagten: Letzterer bezieht sich auf den Metagegensatz von Mißhandeln und Nichtmißhandeln; der Richter dagegen negiert aus seiner Machtstellung heraus *a priori* die Möglichkeit des Nichtmißhandelns (und damit des niemals-mißhandelt-Habens) und reduziert so den Gegensatz auf die Alternativen *nicht-mehr*-mißhandeln und *immer-noch*-mißhandeln. So, wie der Richter die Situation definiert, liegen die Alternativen *ganz* im Felde dessen, was für den Angeklagten nur *eine Hälfte* des von ihm gemeinten Gegensatzpaares (Mißhandeln oder Nichtmißhandeln) ist.

Kehren wir nochmals zum Slogan «Nationalsozialismus oder bolschewistisches Chaos?» zurück. Er unterstellt, daß es sich bei den beiden Begriffen um absolute Gegensätze handelt, woraus sich scheinbar zwingend die moralische Verpflichtung ergibt, sich zur guten, reinen Alternative zu bekennen und die chaotisch-diabolische abzulehnen. *Tertium non datur* – jedoch nicht, weil es tatsächlich keine dritten Möglichkeiten gibt, sondern weil sie im ideologischen Rahmen des Slogans nicht zugelassen sind. In

---

«offensichtlich» nicht ihn, und welcher sein Kind liebende Vater kann ihm andererseits eine bloße Phantasievorstellung zum Vorwurf machen? – In der orthodoxen Psychopathologie heißt eine solche Gegenparadoxie eine Halluzination.

demokratischer Sicht aber sind beide Möglichkeiten so wenig verschieden
wie Erdäpfel und Kartoffel; beide sind totalitär und der angebliche Gegensatz ist eine Illusion der Alternativen. Die untenstehende Abbildung 4 soll
dies veranschaulichen: Die beiden kleineren Kreise im linken Kreis stellen das Gegensatzpaar Nationalsozialismus und bolschewistisches Chaos
dar. Sie liegen völlig im Bereich der *Diktatur*, die ihrerseits der Gegensatz
zur *Demokratie* (der rechte Kreis) ist und mit dieser zusammen ein Metagegensatzpaar bildet [7]. Die Illusion der Alternativen bricht also in dem
Augenblick zusammen, in dem man sich des übergeordneten Gegensatzes
bewußt wird. Diese Erkenntnis muß unterdrückt werden und steht daher

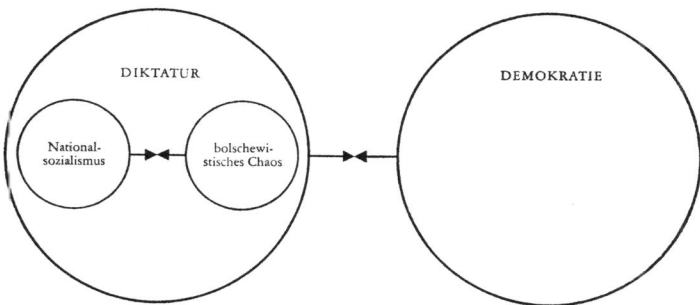

Abbildung 4

unter Strafe. Die Reaktion der Gestapo richtete sich also nicht *nur* gegen
die respektlose Art, in der diese Perle totalitärer Staatsraison verhohnigelt
worden war, sondern vor allem gegen das «*think crime*» des Wissens um
die Möglichkeit des Andersseins, um *das Bestehen des Metagegensatzes,*
und gegen das Ausbrechen aus diesem oktroyierten Rahmen. Dies wird
durch metaphorische oder tatsächliche Mauern und Stacheldrahtverhaue
zu verhindern versucht, und in diesem Zusammenhang erscheint es uns
Heutigen ironisch, daß der Begriff der *Mystifizierung* ursprünglich von
MARX geprägt wurde. – Im Beispiel vom imaginären Richter droht dem
Angeklagten eine Verurteilung wegen Mißachtung des Gerichts; in der

---

[7] Für den Grübler – gleichgültig, ob er in der HEGELschen Dialektik bewandert ist
oder nicht – erhebt sich nun folgende Frage: Wenn diese Darstellung zutrifft, was
hindert uns daran, das Metagegensatzpaar (im vorliegenden Beispiel Diktatur und
Demokratie) seinerseits in einen noch größeren Kreis zu stellen und nur als die
eine Hälfte eines Metametagegensatzpaares und nicht, im Hegelschen Sinne, als die
den Gegensatz auflösende Synthese zu betrachten? Was aber ist dann *seine* Alternative und was hat es mit *diesem* Gegensatz für eine Bewandtnis? – Hier mündet
unsere Untersuchung offensichtlich in die Metaphysik.

Diktatur fällt der Witz unter das Heimtückegesetz; und in den Familien Schizophrener gilt jeder Schritt des Patienten auf die Normalität hin als weiterer Beweis für seine Verrücktheit [8].

Wiederum aber erweist es sich, daß das «Gift» dieser bisher nur als pathogen beschriebenen Interaktion, die anscheinend durch die Pathologie eines Partners ausgelöst wird, auch als Heilmittel verwendet werden kann. Davon soll jetzt die Rede sein.

ERICKSON [28] berichtet, daß er schon im frühen Kindesalter auf der Farm seines Vaters mitarbeiten mußte und oft dadurch in eine Illusion der Alternativen versetzt wurde, daß es ihm sein Vater z. B. erlaubte, «frei» zu entscheiden, ob er lieber zuerst die Schweine oder die Hühner füttern wollte. Die Illusion der Alternativen versteckt sich hier hinter dem harmlosen Wörtchen *zuerst;* die Wahl bestand also nicht darin, ob er die Tiere *überhaupt* füttern wollte oder nicht – diese Alternative stand nicht zur Debatte und wurde daher auch nicht erwähnt –, sondern nur, zu welcher der beiden (auf jeden Fall zu leistenden) Arbeiten er sich zuerst entschloß. (Abbildung 5 stellt die Struktur dieser Illusion dar. Wie sich der Leser unschwer überzeugen kann, ist sie mit Abbildung 4 identisch.)

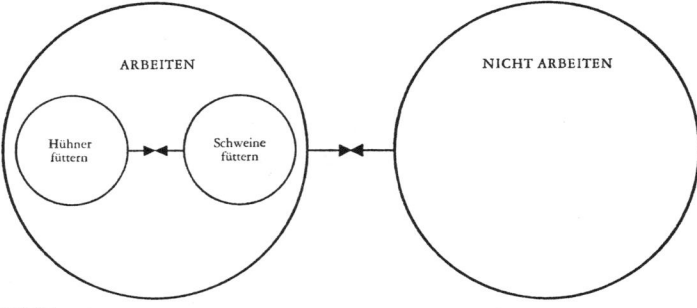

Abbildung 5

ERICKSON erinnert sich auch, daß er in der Schule dann begann, diese Methode seinerseits erfolgreich anzuwenden, indem er seine Mitschüler zur Wahl zwischen zwei Möglichkeiten veranlaßte, von denen sie die eine wie die andere *allein* glatt abgelehnt hätten. Er bemerkte aber auch, daß diese Beeinflussungen unweigerlich zu Ärger und Verbitterung der Betreffenden führten, wenn er sie zu seinem eigenen Vorteil mißbrauchte.

---

[8] Hierzu LAING und ESTERSON über die von ihnen beobachtete Patientin June: Vorläufig kann sich June über Wasser halten. Ihre Mutter spricht allerdings wei-

Verwendete er sie dagegen zum Wohle anderer, so waren die Ergebnisse
positiv und von langer Dauer [9].

Die Illusion der Alternativen ist häufig ein wesentlicher Teil von Trance-
induktionen, z. B.:

«Wollen Sie schon jetzt oder später in eine Trance gehen?»

«Wollen Sie Ihre Entspannung mit offenen oder geschlossenen Augen
erleben?»

«Wird Ihre rechte Hand leichter werden, oder schwerer, oder wird sie
sich seitwärts verschieben? Oder Ihre Linke? Warten wir ab und sehen
wir, was geschehen wird.»

«Werden Ihre Augenlider immer schwerer werden und sich schließen,
oder werden sie sehr bequem offen bleiben?»

Oder, noch raffinierter: «Wenn Sie heute schon bereit sind, in eine
Trance zu gehen, wird sich Ihre linke Hand heben – wenn nicht, Ihre
rechte.»

Der gemeinsame Nenner all dieser Beispiele besteht natürlich darin,
daß das Eintreten der Trance als selbstverständlich impliziert wird; die
Frage ist nur, wann, unter welchen Umständen, mit welchen Begleiter-

---

terhin in höchst ambivalenten Ausdrücken über jedes Anzeichen größerer Unab-
hängigkeit. Sie sagt ihr, daß sie schrecklich aussieht, wenn sie etwas Schminke verwendet, sie macht sich über die Hoffnung ihrer Tochter lächerlich, daß ein Junge
an ihr Interesse finden könnte, für sie ist jeder Ausdruck von Ärger oder Erbitte-
rung seitens Junes ein Symptom ihrer «Krankheit» oder ein Zeichen ihrer «Bos-
haftigkeit» ...

June muß sich in strikter Selbstbeherrschung halten, denn wenn sie schimpft,
schreit, weint, flucht, zu viel oder zu wenig ißt, zu rasch oder zu langsam ißt, zu
viel oder zu wenig schläft, sagt ihr ihre Mutter, daß sie krank ist. Es erfordert eine
gehörige Portion von Mut seitens June, nicht das zu sein, was ihre Eltern «normal»
nennen [68].

[9] Obwohl nicht unmittelbar damit zusammenhängend, sei das Anbieten *wirklicher*
Alternativen als eine besonders in der Ehetherapie wirksame Intervention hier kurz
erwähnt. Im Weltbild der meisten Männer ist es ein Ausdruck von Liebe, Güte und
Fairneß, ihren Frauen freie und bedingungslose Entscheidung über irgendein ge-
meinsames Unternehmen zu überlassen. Oft sind sie daher tief verletzt, wenn die
Frauen darauf nicht nur nicht dankbar, sondern ausgesprochen ungehalten reagieren
– etwa im Sinne von: «Wenn dir *alles* recht ist, was ich will, ist dir im Grunde auch
alles egal». Diese für männliche Begriffe himmelschreiende Unlogik und Verdre-
hung seiner guten Absichten kann selbst in banalen Lebenssituationen zu Konflikten führen. Abhilfe schafft hier oft die Anweisung an den Mann, seiner Frau jeweils
mindestens zwei Möglichkeiten zur Wahl vorzuschlagen; also z. B. zwei Restaurants,
zwei Theaterstücke, zwei Ferienorte. Sie hat nun das Gefühl, daß er sich Gedanken
darüber macht, was sie wohl am liebsten hätte oder täte; gleichzeitig hat sie die Möglichkeit einer konkreten Wahl; und schließlich hindert sie nichts daran, einen Gegen-
vorschlag zu machen, wenn sie mit keiner der gebotenen Alternativen einverstanden
ist.

scheinungen usw. Dies ist besonders beim letzten Beispiel der Fall, dessen komplizierte Logik es scheinbar sogar offen läßt, ob der Betreffende in eine Trance gehen wird *oder nicht* – nur daß auch der Beweis für das Eintreten dieser zweiten Alternative selbst wiederum ein Trancephänomen ist und damit den Zirkel der Paradoxie schließt.

Eine geschickte Anwendung der Illusion der Alternativen kann Eltern über viele der stereotypen Schwierigkeiten und Machtkämpfe mit Kindern hinweghelfen:

«Willst du dich vor dem Schlafengehen duschen, oder willst du deinen Pyjama lieber im Badezimmer anziehen?»

«Willst du heute lieber um dreiviertel acht oder um acht Uhr ins Bett gehen?» [28, S. 145]

Damit soll nicht gesagt sein, die Illusion der Alternativen lasse sich nur in der Trance oder mit Kindern verwenden, nicht aber mit Erwachsenen, deren kritische Vernunft, zumindest im Wachzustand, sie gegen die Illusion immun machen würde. Mit dieser Auffassung wäre die Kausalität auf den Kopf gestellt. Nicht verminderte Zurechnungsfähigkeit macht eine Illusion der Alternativen möglich, sondern die Illusion blockiert die kritisch-analytische Funktion der linken Hemisphäre. Und deshalb hat diese Intervention ihren Platz und ihre Bedeutung auch in der allgemeinen Psychotherapie. Ist es z. B. wünschenswert, an einem bestimmten Punkte einer Behandlung die Möglichkeit baldiger Besserung besonders zu betonen, so kann man das entweder im «Klartext» der linkshemisphärischen Sprache tun, oder – viel wirksamer – etwa durch die scheinbar absurde Frage: «Wollen Sie Ihr Problem schon diese Woche in den Griff bekommen, oder erst nächste? Das ist wahrscheinlich zu früh. Vielleicht ziehen Sie eine längere Pause vor – etwa drei bis vier Wochen?» Man beachte hier auch die Zweideutigkeit des Wortes *Pause:* Soll es bedeuten, daß der Patient die angetönte Besserung noch einige Wochen aufschieben kann (was impliziert, daß er Einfluß über sein Problem hat und es daher auch schon heute angehen könnte), oder daß eine Pause *des Problems* eintreten wird (was wiederum unterstellt, daß es lösbar ist)?

In all diesen Fällen wird also durch eine Art Taschenspielertrick ein bestimmter Rahmen gesetzt, der das Unerwünschte ausschließt. Innerhalb dieses Rahmens wird dann eine illusorische Wahl zwischen zwei Möglichkeiten geboten, die *beide,* jede für sich, Aspekte des gewünschten Behandlungszieles sind. Wo es nicht gelingt, diesen illusorischen Rahmen herzustellen, bleibt die Intervention wirkungslos. Meine an einen Fremden gerichtete Frage, «Würden Sie mir einen oder zehn Franken geben?», verpufft, da er mit Leichtigkeit beide Alternativen verwerfen kann. Stelle ich die Frage dagegen im Rahmen einer Wohltätigkeitsveranstaltung, so habe ich gute Aussicht, wenigstens einen Franken zu bekommen.

Es versteht sich von selbst – und ist ein oft geäußerter Zweifel an der Wirksamkeit dieser Intervention –, daß der Erfolg jeder therapeutischen Illusion der Alternativen dann in Frage gestellt ist, wenn der Betreffende in den vom Therapeuten gesetzten Rahmen entweder überhaupt nicht eintritt, oder ihn verläßt. In der Hypnotherapie ist besonders letzteres nur zu oft der Fall. Der erfahrene Hypnotiseur begegnet dieser Schwierigkeit dadurch, daß er den ursprünglich gesetzten Rahmen sofort genügend erweitert, um das betreffende Nicht-Trance-Verhalten einzubeziehen. Hat er z. B. vergeblich versucht, eine Handlevitation zu erreichen, und bleibt die Hand regungslos und schwer [10], so kann er dies als einen Beweis dafür bezeichnen, daß der Patient bereits tiefer als er dies vermutete, in Trance ist. Theoretisch kann damit jeder Mißerfolg zum Beweis eines Erfolgs umgedeutet werden; praktisch liegt auch hier die Grenze bei der Findigkeit und der Geistesgegenwart des Therapeuten. Oder etwas komplizierter ausgedrückt: Es wird auf diese Weise absichtlich jene Situation herbeigeführt, vor der KARL POPPER [81] in Wissenschaft und Forschung mit Recht warnt; nämlich ein Begriffssystem wird geschaffen, für das keine Gegenbeweise erbracht werden können, das also im POPPERschen Sinne unverfälschbar ist und in dem Erfolg wie Mißerfolg die Richtigkeit der Prämisse «beweisen».

Kehren wir aber nochmals zur pathologischen Illusion der Alternativen zurück. Wir sahen dort, daß das Weltbild des Betreffenden die Möglichkeit des Andersseins, die Meta-Alternative, nicht einbezieht. Er sieht nur zwei Möglichkeiten und beide sind unannehmbar, unmöglich oder verboten. Wo diese Situation vorliegt, besteht die Lösung des Problems – und daher die Aufgabe der Therapie – im Erfassen einer übergeordneten Alternative [11], die immer im Hinausgehen über die bisherigen, scheinbar unentrinnbar von außen auferlegten Pseudoalternativen besteht. Und dies leitet zu meinem nächsten Thema über.

---

[10] Wir wollen hier der Einfachheit halber unberücksichtigt lassen, daß Suggestionen, die sich auf die Motorik beziehen, oft scheitern, der Betreffende aber trotzdem in einer Trance sein kann.

[11] Es sei hier auf CHAUCERS an anderen Orten bereits mehrfach erwähnte Geschichte des Weibs von Bath in den *Canterbury Tales* verwiesen. Dort verstrickt sich ein Ritter immer tiefer in Schwierigkeiten, weil er immer neuen Illusionen von Alternativen zum Opfer fällt, bis er sich endlich weigert, weiterhin eine der beiden gebotenen Alternativen zu wählen, sondern *den Zwang zur Wahl selbst* verwirft.

Umdeutungen

Als Alexander der Große den Knoten einfach durchschnitt, mit dem Gordius, der König von Phrygien, das Joch an die Deichsel seines Streitwagens gebunden hatte, bewies er damit, daß die Lösung eines Problems davon abhängt, wie man das Problem sieht. Für Alexander ging es darum, das Joch von der Deichsel zu trennen, nicht aber den Knoten zu lösen, wie viele andere dies bereits vergeblich versucht hatten. Der Unterschied zwischen den beiden Auffassungen des Problems scheint trivial, ist aber entscheidend für seine Lösung, und es ist interessant, daß das Orakel demjenigen, der nicht die unmögliche Entwirrung des Knotens versuchte, sondern an seine Lösung mit einer völlig anderen Prämisse heranging, ungewöhnlichen Erfolg (Herrschaft über Asien) versprach.

Wer von einem Räuber mit vorgehaltener Pistole zur Hergabe seiner Brieftasche aufgefordert wird, hat scheinbar nur die Wahl zwischen Nachgeben und Kampf. Beide Alternativen sind unerfreulich, doch erstere ist das kleinere Übel, und der Räuber weiß das und baut darauf. Nun stelle man sich aber vor, daß der Überfallene eiserne Nerven hat und der Situation dadurch eine völlig andere Bedeutung gibt, indem er zum Räuber sagt: «Jemanden wie Sie suche ich seit langem. Sie können mir nun entweder meine Brieftasche wegnehmen – sie enthält zweihundert Franken –, oder Sie können sich zweihunderttausend verdienen, wenn Sie den Geliebten meiner Frau aus der Welt schaffen. Sind Sie daran interessiert, so kommen Sie morgen zu mir und ich erkläre Ihnen alles Weitere.» Auf diese einfache, zugegebenermaßen nicht gerade todsichere Weise hat sich das Opfer aus einer scheinbar ausweglosen Lage befreit und die Initiative durch das Anbieten völlig anderer Alternativen an sich gerissen. Und doch ist die Situation konkret dieselbe geblieben: ein Opfer, das Geld zu haben scheint; ein Desperado, der keines hat und dem es anscheinend auf ein Menschenleben nicht ankommt. Aber statt der Alternative, «Ihre Brieftasche oder Ihr Leben *(und* Ihre Brieftasche)», ist die Alternative nun: «200 oder 200 000 Franken».

Und schließlich sei noch die alte, aber keineswegs triviale Scherzfrage nach dem Unterschied zwischen einem Optimisten und einem Pessimisten erwähnt: Der Optimist sagt von einer Flasche, daß sie halb voll ist; der Pessimist sieht sie als halb leer. Dieselbe Flasche und dieselbe Menge Wein – doch zwei gegensätzliche Weltbilder, die zwei gänzlich verschiedene «Wirklichkeiten» erschaffen. – Und noch eine Variation zum selben Thema: Schon Johann Peter Hebel soll darauf verwiesen haben, daß das mar-

kige Sprichwort «Frisch gewagt ist halb gewonnen» natürlich *auch* bedeutet, daß frisch gewagt schon halb verloren ist [89, S. 155].

In dieser Möglichkeit des Andersseins von subjektiven «Wirklichkeiten» (Wirklichkeiten zweiter Ordnung) liegt die Macht der als Umdeutungen bekannten therapeutischen Interventionen. Es sei nochmals daran
erinnert: Wir haben es nie mit der Wirklichkeit schlechthin zu tun, sondern immer nur mit *Bildern* der Wirklichkeit, also mit Deutungen. Die
Zahl der jeweils möglichen Deutungen ist groß, subjektiv aber durch das
Weltbild des Betreffenden meist nur auf eine einzige scheinbar mögliche,
vernünftige und erlaubte begrenzt. Auf Grund dieser einen Deutung gibt
es meist auch nur eine scheinbar mögliche, vernünftige oder erlaubte Lösung, und wenn diese Lösung nicht zum Ziele führt, versucht man typischerweise *mehr desselben* [108, S. 51–9]. Hier nun setzt die Umdeutung
an und ist dann erfolgreich, wenn es ihr gelingt, einem bestimmten Sachverhalt einen neuen, ebenso zutreffenden oder sogar noch überzeugenderen
Sinn zu verleihen, als der Patient selbst ihm bisher gab. Daß dieser Sinn
in sein Weltbild passen und daß er ihm in der «Sprache» seines Weltbilds
gegeben werden muß, versteht sich wohl von selbst, soll aber weiter unten
noch näher behandelt werden.

Zur Vermeidung von Mißverständnissen sei festgehalten: eine Umdeutung ist keine Deutung im tiefenpsychologischen Sinne; sie «entschlüs-
selt» nichts und sie enthüllt nicht die «wahre» Bedeutung hinter irgendwelchen allegorischen, symbolischen oder bizarren Fassaden. Da ich die
logische Basis der Umdeutungen an anderem Orte [108, S. 116–34] aus-
führlicher beschrieben habe, sei zur Vermeidung von Wiederholungen im
folgenden hauptsächlich von der Beziehung der Umdeutung zur therapeutischen Illusion der Alternativen die Rede. Wir sahen, daß es bei letzterer
darum geht, einen Rahmen zu schaffen, innerhalb dessen zwei Alternativen
zur scheinbar freien Wahl geboten werden, die tatsächlich aber beide auf
denselben Endeffekt, nämlich therapeutischen Wandel, hinauslaufen. Es
wird also die Illusion erzeugt, daß es nur diese beiden Möglichkeiten gibt,
oder, anders ausgedrückt, es wird eine Art Blindheit dafür geschaffen, daß
außerhalb des Rahmens noch andere Möglichkeiten bestehen. *Die Umdeu-*
tung geht den umgekehrten Weg: Die jedem Weltbild in verschiedenster
Weise eigene Illusion eines allumfassenden, jede andere Möglichkeit aus-
schließenden Rahmens wird gesprengt, und es erweist sich damit die Möglichkeit des Andersseins im Sinne Aristoteles'. Dies geschieht durch das
Sichtbarmachen übergeordneter Alternativen und Gegensatzpaare. – Zu
dieser abstrakten Skizze nun einige Beispiele:

In seiner *Ärztlichen Seelsorge* [32] und in seinen Vorträgen erwähnt

Frankl die Möglichkeit der Umdeutung einer in der Praxis oft anzutreffenden, dem Patienten hoffnungslos erscheinenden Situation. Es handelt sich dabei um den tiefen Gram, den der Tod einer über alles geliebten Person auslösen kann. Nichts mehr hat einen Sinn; mit dem Toten ist alles Schöne und Lebenswerte verschwunden – und auf Grund dieses Weltbildes könnte nur die Rückkehr des Toten dem eigenen Leben wieder Sinn verleihen. (Es versteht sich von selbst, daß allein schon die Tatsache, daß der Betreffende Hilfe sucht, dieser für ihn allumfassenden Logik auf einer anderen Ebene widerspricht.) Frankl deutet die Situation mit einer Frage um: Der Patient stelle sich vor, daß Frankl zwar den Toten selbst nicht wiedererwecken, ihm aber einen anderen Menschen zuführen kann, der dem Verstorbenen nicht nur körperlich auch in der kleinsten Einzelheit gleicht, sondern auch sonst in jeder Hinsicht; der über das Leben des Toten so genau Bescheid weiß, daß er daher mit dem Patienten über jedes Detail der gemeinsam verlebten Jahrzehnte sprechen könnte – würde der Patient diesen Menschen als vollgültigen Ersatz annehmen? Indem Frankl ihn mit dieser Frage dazu bringt, sich mit dem Verlust aus einer etwas anderen Perspektive als dem Teufelskreis seiner Depression auseinanderzusetzen, hat er meines Erachtens die Möglichkeit des Andersseins in die Situation eingeführt, und wie er berichtet, ist die Antwort des Patienten verneinend. Damit aber hat sich der Leidende zum ersten Mal zur Unabänderlichkeit seines Schicksalsschlages bekannt und Distanz zu ihm gesetzt.

Der Daumenlutscher spezialisiert sich meist auf den Daumen einer Hand und wechselt zum andern nur dann über, wenn ihm der erste irgendwie vergällt wird. Lutschen tut er aber auf jeden Fall, wie sehr die Eltern auch versuchen mögen, es zu unterbinden. Eine wirksame Intervention, in der sich Elemente der Symptomverschreibung und der Umdeutung verbinden, besteht darin, es dem Kinde im Beisein seiner Mutter in einfacher, eindringlicher Sprache klarzumachen, daß wir in einer Demokratie leben, in der alle gleiche Rechte haben, und daß es daher nicht möglich ist, nur einen Finger zum Nachteil der anderen neun zu lutschen. Von heute ab müsse er deshalb auch die anderen Finger ebensolange wie seinen Daumen lutschen, und die Mutter müsse, wenn nötig mit der Uhr in der Hand, dafür sorgen, daß alle Finger in demokratischer Weise zu ihrem Recht kommen. Was bisher eine lustvolle Gewohnheit war, die den zusätzlichen Vorteil hatte, daß die Eltern ihr gegenüber machtlos waren, steht nun plötzlich als Pflicht da, deren Erfüllung sich rasch als lästig erweist – besonders weil die Eltern ihre Befolgung überwachen. Die Umdeutung aber bietet einen Ausweg, der es dem Kind ermöglicht, sein Gesicht zu wahren: Sie erlaubt es ihm, nur ganz kurz oder überhaupt nicht zu lutschen; sie blokkiert ferner die bisherigen, problemverewigenden Lösungsversuche der Eltern (Verspotten, Vergällen, Bestrafen, usw.).

Ein typisches Problem vieler Studenten besteht darin, daß sie sich nicht auf ihre Aufgaben konzentrieren können, weil sie fast ununterbrochen daran denken, wieviele weitaus angenehmere Dinge sie tun könnten, wenn sie nur nicht studieren müßten. Sie versuchen dann erfolglos, sich zur Konzentration zu zwingen, und diese selbst auferlegte Tortur dauert oft bis in die späten Nachtstunden an und beginnt frühmorgens wieder. Meist ergibt sich eine fast sofortige Besserung dadurch, daß es dem Betreffenden zur Auflage gemacht wird, sich selbst eine vernünftige Frist für das tägliche Pensum zu stellen, nach deren Ablauf er tun kann, was er will, *außer* studieren. Auf diese Weise wird Freizeit zu einer Strafe umgedeutet und verliert dadurch ihren Reiz in ganz ähnlicher Weise, wie das den meisten von uns mit dem Aufstehen passiert: An Wochentagen könnten wir stundenlang weiterschlafen; am Sonntagmorgen, an dem wir beliebig lange schlafen könnten, sind wir bereits in aller Herrgottsfrüh hellwach.

Ein intelligenter Student hat zunehmende Mühe, den akademischen Ansprüchen nachzukommen. Er ist darüber sehr besorgt, und zwar nicht nur, weil er nahe am Durchfallen steht, sondern auch, weil er an seiner gewählten Fachrichtung sehr interessiert ist und sich seine Mißerfolge nicht erklären kann. Außerdem leidet er an Schuldgefühlen seinen Eltern gegenüber, für die sein Studium eine schwere finanzielle Belastung ist. Statt zu versuchen, die Ursachen und die Entwicklung des Problems zu analysieren und Einsicht herbeizuführen, kann die Therapie an den beiden Prämissen ansetzen, die im Obigen bereits zum Ausdruck gekommen sind, nämlich daß er *gerne* studieren und seinen Eltern *aufrichtig* dankbar sein sollte. Dazu wird dieser Sollzustand, der seinem konkreten Wirklichkeitserlebnis widerspricht, als unrealistische, unreife Auffassung umgedeutet: Selbst unter den günstigsten Voraussetzungen ist Studieren eine unangenehme Pflicht, und die Idee, daß er es gerne tun sollte, einfach lächerlich. Ebenso steht es mit seiner Dankespflicht den Eltern gegenüber: Sie haben ein Recht auf seine Dankbarkeit; was aber nicht bedeutet, daß er *gern* dankbar sein sollte. Beide Umdeutungen richten sich also gegen seine problemerzeugenden «Sei spontan!»-Paradoxien. Der Therapeut kann es dem Jungen nun freistellen, in seiner unreifen, unrealistischen Haltung zu verharren, oder den einem Erwachsenen zustehenden Mut zu haben, sie zu verwerfen. Um ihm das zu erleichtern, kann er ihm auftragen, sich jeden Tag fünf oder zehn Minuten lang intensiv mit all den unangenehmen Aspekten des Studiums gedanklich auseinanderzusetzen: den Leistungskampf mit den anderen Studenten, den Prüfungsängsten, der offensichtlichen praktischen Zwecklosigkeit vieler Teile des Lehrstoffs und vor allem den vielen angenehmen und wünschenswerten Dingen, die er tun könnte, wenn er nicht studieren müßte.

Ein anderer Student, der zum ersten Mal von daheim fort ist, hat die üblichen Anpassungsschwierigkeiten; es ist ihm noch nicht gelungen, Bekanntschaften zu machen, er hat Heimweh, kommt mit seinem Geld nicht aus, findet sich im Universitätsbetrieb nicht zurecht, und dergleichen mehr. Er sieht darin aber nichts Besonderes und ist fest entschlossen, mit diesen Problemen irgendwie fertigzuwerden. Seine überbesorgte Mutter, die ihn, den Jüngsten, immer schon verhätschelt hat und sich mit seinem Weggehen von daheim noch nicht abfinden kann, betont – selbstverständlich «in bester Absicht» – in ihren täglichen Anrufen immer wieder, daß er es nicht nötig habe, sich all diesen Widerwärtigkeiten auszusetzen und daß er, falls es ihm zuviel werde, doch lieber wieder nach Hause kommen solle. Damit erschwert sie natürlich seine Ablösung von daheim und macht es tatsächlich wahrscheinlicher, daß er schließlich die Flinte ins Korn wirft. Dem von ihr konsultierten Therapeuten wird es rasch klar, daß sie von ihm nur eine Bestätigung für die Richtigkeit ihres Vorgehens wünscht und daß sie sich nicht mehr blicken lassen würde, wenn er (wie bereits ihr Mann, ihre älteren Söhne, ihre eigenen Eltern und Freunde) ihr die negativen Auswirkungen ihrer überbesorgten Haltung auf den Jungen klarzumachen versuchte. In Anwesenheit des Sohnes deutet er die Situation um, indem er zunächst darauf verweist, daß es eine der wichtigsten Aufgaben einer Mutter sei, ihren Sohn optimal auf das Leben vorzubereiten – ein Argument, dem sie natürlich voll zustimmt. Er führt dann aus, daß die Krönung dieser Vorbereitung auf das Leben in der erfolgreichen Ablösung des Sohnes vom Elternhaus besteht, und daß diese Ablösung psychologisch so entscheidend für die Entwicklung des Selbstvertrauens eines Mannes und für sein Fertigwerden mit künftigen Lebensproblemen ist, daß sie ihm unter keinen Umständen zu leicht gemacht werden darf. Dies nämlich würde ihn um den für ihn entscheidenden Erfolg betrügen. Hinter all dem wittert die Mutter die ihr bereits sattsam bekannten Aufforderungen, den Jungen doch selbst mit seinen Schwierigkeiten fertigwerden zu lassen und ihn nicht wieder nach Hause zu locken. Um so unerwarteter kommt für sie die Anweisung des Therapeuten, die Ablösung des Sohnes dadurch maximal zu erschweren und damit maximal bedeutungsvoll zu gestalten, daß sie ihm den Abbruch des Studiums und die Rückkehr nach Hause so verlockend und angenehm wie nur möglich mache. Nur wenn er es fertigbrächte, diesen Verlockungen zu widerstehen, könne er mit einiger Zuversicht auch an künftige Lebensschwierigkeiten herangehen. Damit ist die

Situation für beide von Grund auf umgedeutet, und die Mutter in einer therapeutischen Doppelbindung: Die Verhätschelung des Sohnes ist nun zu einer wichtigen Mutterpflicht deklariert; gleichzeitig ist aber auch unterstellt, daß sie ihn damit an den Rand des Versagens bringen könnte, doch sei dies wiederum wünschenswert, weil er sich dadurch am ehesten im Leben zu behaupten lernen wird. Der Mutter stehen nun nur zwei Alternativen offen. Sie kann weiterhin versuchen, ihm das Leben leicht zu machen, was aber bedeutet, daß sie es ihm erschwert; oder sie muß aufhören, ihn zu verhätscheln – und dies besonders dann, wenn sie im Ansinnen des Therapeuten eine besonders harte, ja grausame Erziehungsmethode sieht, von der aber umgekehrt wieder nicht geleugnet werden kann, daß sie das Wohlergehen und die Lebensfähigkeit des Jungen zum Zwecke hat. Die Umdeutung stellt damit jene Voraussetzung für einen Wandel her, von der WITTGENSTEIN einmal sagte, daß man ein Spiel in dem Augenblicke nicht mehr naiv weiterspielen könne, in dem der andere einem statt des alten ein neues Spiel gelehrt hat. «Aber wie konnte durch das neue das alte obsolet werden? – Wir sehen nun etwas anderes und können nicht mehr naiv weiterspielen» [114].

Das Beispiel zeigt auch, daß eine Umdeutung nicht notwendigerweise positiv bzw. annehmbar sein muß, sondern daß gerade jene Umdeutungen, die dem oder den Betreffenden unannehmbar oder grundfalsch erscheinen, besonders wirkungsvoll sein können. Dies ist gerade dann der Fall, wenn die Umdeutung im Weltbild des Betreffenden den Gegenbeweis geradezu herausfordert, und die Erstellung des Gegenbeweises eben jenes Verhalten nötig macht, das das Ziel der Therapie ist. Mehr darüber im Abschnitt über die Verwendung des Widerstandes; hier nur ein Beispiel aus der Praxis:

Mein Kollege FISCH stand als psychiatrischer Berater in einem Heim der Jugendbehörde kürzlich vor folgendem Problem: Ein zwölfjähriger Heiminsasse pflegte den Unterricht durch dauerndes Schwätzen und anderes undiszipliniertes Verhalten zu stören. Zur Strafe wurde er dafür gewöhnlich auf sein Zimmer geschickt und, da er sich weigerte, drinzubleiben, dort eingesperrt. Seit einigen Tagen hatte er damit begonnen, mit Fäusten und Stiefeln gegen die verschlossene Tür zu trommeln, bis er wieder herausgelassen wurde – wenn nötig auch stundenlang. Alles Zureden und alle Drohungen verpufften. Den Aufsehern blieb als *ultima ratio* dann nur die Isolierzelle im Keller. Der Junge brachte es aber fertig, sein durch das ganze Gebäude hörbare Trommeln auch dort fortzusetzen. Die Lage wurde insofern kritisch, als der Junge eben wegen seiner Unerziehbarkeit ins Heim eingewiesen worden war, und sich nun auch die Heimbehörde seinem Verhalten gegenüber hilf- und ratlos erwies. Man wandte sich daher an meinen Kollegen in der immerhin plausiblen Annahme, daß es sich bei diesem Jungen um ein «psychiatrisches» Problem handeln mußte. Mein Kollege dagegen sah es als ein Interaktionsproblem zwischen den Heiminsassen und den Aufsichtspersonen und deutete die Situation für den Jungen dadurch von Grund auf um, daß er den Kindern ein Spiel vorschlug: Alle sollten schätzen, wie lange der Bestrafte sein Trommeln fortsetzen würde. Als Preis für die genaueste Schätzung schrieb er eine Flasche Coca-Cola aus. Was er damit in der einen oder der anderen Weise zu erreichen hoffte, trat rasch ein. Einer der Jungen stahl sich aus der Klasse, lief zum Kellerfenster der Isolierzelle und rief hinein: «Bitte trommle noch sieben Minuten länger, dann gewinne ich eine Flasche Coca-Cola!» Das Trommeln verstummte.

Es ist auch möglich, Umdeutungen ganz indirekt, sozusagen rein zufällig und scheinbar unabsichtlich zu kommunizieren. ERICKSON wurde einmal von der Mutter einer Vierzehnjährigen konsultiert, die sich in der Annahme, ihre Füße seien zu groß, gesellschaftlich immer mehr isolierte, indem sie hauptsächlich daheim saß, kaum zum Schulbesuch zu bringen war und ihre Freundinnen vermied. Wie man sich leicht vorstellen kann, versuchte jedermann, sie davon zu überzeugen, daß ihre Füße normal waren, und sie sich alles nur einbildete. Auf diese Weise hatte sich das übliche Spiel ohne Ende in der Interaktion zwischen ihr und ihrer menschlichen Umgebung herausgebildet und verfestigt. Je mehr die anderen ihr gut zuredeten, desto starrer beharrte sie auf der Idee ihrer unförmigen Füße. ERICKSON verabredete mit der Mutter einen Hausbesuch, dessen angeblicher Zweck die Untersuchung der Mutter selbst war. Im Verlauf der Untersuchung bat er die Tochter, ihm ein Handtuch zu bringen, hinter ihm zu stehen und das Handtuch bereitzuhalten. Kurz darauf machte er einen Schritt nach rückwärts und trat ihr dabei «versehentlich» hart auf die Füße. Sie schrie vor Schmerz auf; er drehte sich um und sagte zornig: «Wenn du deine Füße *groß genug* wachsen ließest, daß ein Mann sie sehen kann, könnte so etwas nicht passieren.» ERICKSON berichtet, daß diese eine Intervention genügte, den gewünschten Wandel im Selbstbild des Mädchens herbeizuführen.

Die meisten der in diesem Kapitel gebrachten Beispiele haben einen gemeinsamen Nenner, der bisher unerwähnt geblieben ist: Sie beruhen auf unmittelbaren Verhaltensverschreibungen. In diesem Vorgehen kommt eine dritte Möglichkeit der Umgehung oder Ausschaltung der logisch-analytischen Zensur der linken Hemisphäre zur Anwendung.

Verhaltensverschreibungen

Wenn du sehen willst,
lerne zu handeln.
HEINZ VON FOERSTER

Das Naheliegendste und unmittelbar Gegebene ist oft am schwersten zu erfassen. Was geschieht, wenn wir jemanden auffordern, etwas zu tun, das er von sich aus und zum gegebenen Zeitpunkt nicht tun würde? Um diese Frage in ihrer prinzipiellen Einfachheit beantworten zu können, wollen wir zunächst nicht untersuchen, *warum* jemand überhaupt zu einer solchen Handlung bereit sein mag und *wie* er zu ihrer Ausführung gebracht werden kann. Hier geht es vor allem um den Mechanismus der Aufforderung.

Überraschenderweise ist darüber sehr wenig bekannt [1], vor allem auf dem Gebiet der therapeutischen Kommunikation. Dies ist vermutlich so, weil im monadischen Weltbild der orthodoxen Psychotherapie, mit ihrem Tabu gegen als direkte Beeinflussung bezeichnete direkte Beeinflussung und ihrem grundsätzlich medizinischen Krankheitsmodell für eine solche Intervention einfach kein Platz ist.

Wenn aber – wie dieses Buch es vorschlägt – der Zweck der Therapie im Wandel des vorwiegend rechtshemisphärischen Weltbildes gesehen wird, und wenn, wie Grund zur Annahme besteht, davor die logisch-analytische linke Hemisphäre sozusagen als Hüterin der Schwelle steht und gewisse Handlungen zuläßt, andere aber als unlogisch und unvernünftig verwirft, dann ändert sich damit die Perspektive. Dann wird es u. a. sinnvoll, sich eingehend mit dem Phänomen des spontanen, alltäglichen Wandels zu befassen und sich zu überlegen, welche praktischen Schlußfolgerungen sich daraus ziehen lassen. Diese Form des Wandels tritt offensichtlich dann auf, wenn bestimmte Tatsachen nicht in das Weltbild eines Menschen integriert werden können und daher eine teilweise Änderung des Bildes erfordern. Vorausgesetzt, daß die Diskrepanz zwischen diesen Erlebnissen und dem Weltbild nicht zu stark ist und daher eine gegenteilige Wirkung – Abkapselung, Verneinung, eventuelle Psychose – erzeugt, hat man eine Erfahrung gemacht, ist man gewachsen, gereift.

Traditionellerweise wird das zwar akzeptiert, doch wartet der Therapeut, seiner Ausbildung gemäß, meist passiv auf das spontane Eintreten solcher äußerer oder innerer Ereignisse. Es besteht aber absolut kein

---

[1] Als *allgemeine* Einführung in diese Thematik wären zu nennen: Hayakawas Kapitel über *directive language* [50] und Schneiders Kapitel *Fahnenträger der Gewalt* [89, S. 105–11].

Grund, weshalb diese nicht auch aktiv herbeigeführt werden können –
außer, daß eine solche Herbeiführung eben den Grundregeln der traditionellen Psychotherapie widerspricht. Auch hier kommt einem EINSTEINS
berühmte Bemerkung zu HEISENBERG in den Sinn: «Die Theorie bestimmt, was wir beobachten können», die sich, auf die Therapie bezogen
und ohne ihr größere Gewalt anzutun, mit «Die Theorie bestimmt, was
wir *tun* können» paraphrasieren läßt. In anderen Worten, was in der Therapie möglich ist, wird viel mehr durch die Natur der betreffenden Schul-
meinung, also der Theorie, bestimmt, als durch die Gegebenheiten der
menschlichen Seele.

Wie bereits erwähnt, wurde die Aufforderung als eigenständiges Kom-
munikationsphänomen von der Linguistik und besonders der Semantik
bisher eher vernachlässigt. Es besteht aber neuerdings Grund zur Annahme, daß es sich dabei um die archaischste Sprachform handeln dürfte.
JAYNES [58], ein Psychologe an der Princeton-Universität, glaubt, aus den
Innenabgüssen des Schädels des Neandertalers und anderer Frühmenschen
schließen zu können, daß diese bis etwa 46 000 vor Christus nur Warnrufe
und sich daraus ableitende Aufforderungen kannten. Er spekuliert, daß dabei die Nähe der Gefahr durch die Intensität des Rufs ausgedrückt wurde.
Träger dieser Information wären zunächst die Endungen dieser Rufe (ihre
Nachsilben) gewesen, also etwa *wahí* als Warnung vor einem nahen und
wahú vor einem entfernteren Tiger. Die Endungen dürften sich dann ver-
selbständigt haben, so daß *í* schließlich die Bedeutung von «komm her»
und *ú* die von «geh weg» annahmen. Erst auf dieser Basis bildeten sich,
nach JAYNES, dann langsam die anderen Elemente der menschlichen
Sprache (Verneinungen, Haupt- und Eigenschaftswörter, usw.) aus.

Der erste moderne Entwurf zum Thema der Aufforderungen dürfte das
Werk des Grazer Philosophieprofessors ERNST MALLY, *Grundgesetze des
Sollens* [70], sein, in dessen drittem Teil besonders die Beziehung zwischen
dem Wollen und den Tatsachen untersucht wird. Dort finden sich klare
Hinweise auf den intuitiv plausiblen Umstand, daß das Wollen zu unerwarteten und unvorhersehbaren Folgen führen und – wie ich dazufügen
möchte – daher auch unerwartete kognitive Wirkungen haben kann. Auf
diesem Werk aufbauend, doch weit darüber hinausgehend, entwarf der an
der Universität von Pittsburgh arbeitende Philosoph NICHOLAS RESCHER
seine *Logic of Commands* [84], d. h. eine Logik imperativer Sätze, nach
dem Muster der sich auf den klassischen Wahrheitsfunktionen aufbauen-
den Logik indikativer Sätze.

In diesem Werk zitiert RESCHER den berühmten französischen Mathematiker HENRI POINCARÉ, der 1913 kategorisch feststellte:

Die Grundsätze der Wissenschaft, die Postulate der Geometrie sind im Indikativ und können gar nicht anders als im Indikativ sein; in dieser Form sind auch die Experimentalgegebenheiten, und auf der Grundlage der Wissenschaft gibt es nichts anderes und kann es nichts anderes geben [80].

Ich gebe dieses Zitat hier deswegen wieder, weil sich zwischen ihm und einem Werk aus dem Jahre 1969 ein interessanter Kontrast ergibt, der beweist, wie sehr sich die Auffassung von der geringen wissenschaftlichen Stubenreinheit der imperativen, «injunktivischen» [2] Sprachformen, der Aufforderungen oder Anweisungen, gewandelt hat, und wie bedeutend diese Wandlung für unser Thema ist. In den Anmerkungen zu seinem bereits erwähnten Werk, *Laws of Form,* schreibt BROWN:

Sogar die Naturwissenschaften scheinen mehr von ausdrücklichen Anweisungen *[injunctions]* abzuhängen, als wir uns üblicherweise Rechenschaft darüber ablegen. Die berufliche Initiation des Wissenschafters besteht nicht so sehr im Lesen der rechten Lehrbücher, als in der Ausführung von Anweisungen, wie etwa: «Blicken Sie in dieses Mikroskop». Nachdem sie ins Mikroskop gesehen haben, ist es für Wissenschafter keineswegs unzulässig, sich gegenseitig das zu beschreiben und miteinander zu besprechen, was sie gesehen haben, und darüber Artikel und Lehrbücher zu schreiben. In ähnlichem Sinne ist es für Mathematiker, von denen jeder eine bestimmte Gruppe *[set]* von Anweisungen befolgt hat, keineswegs unzulässig, sich gegenseitig zu beschreiben und miteinander zu besprechen, zu welchen Ergebnissen sie dabei gekommen sind, und darüber Artikel und Lehrbücher zu schreiben. In beiden Fällen aber ist die Beschreibung abhängig von – und sekundär zu – der vorangegangenen Befolgung einer Gruppe von Anweisungen [15, S. 78].

Noch unmittelbarer auf das Thema der Verhaltensverschreibungen und ihrer praktischen Auswirkungen beziehen sich folgende Überlegungen BROWNS:

Die Primärform mathematischer Kommunikation ist nicht die Beschreibung, sondern die Anweisung. In dieser Hinsicht kann sie mit praktischen Tätigkeiten, wie z. B. dem Kochen, verglichen werden, bei dem der Geschmack des Kuchens, obwohl buchstäblich unbeschreiblich, dem Leser in Form einer Gruppe von Instruktionen, dem Rezept, mitgeteilt werden kann. Die Musik ist eine ähnliche Kunstform; der Komponist versucht es nicht einmal, die Gruppe von Tönen zu beschreiben, die ihm vorschwebt, geschweige denn die Gruppe der Gefühle, die durch sie hervorgerufen werden, sondern stellt eine Gruppe von Anweisungen auf, die den Leser, wenn er sie befolgt, zum Nacherleben des ursprünglichen Erlebnisses des Komponisten führen können [15, S. 77].

In der Anweisung, etwas Bestimmtes zu tun, d. h. in einer Verhaltensverschreibung, liegt also eine ganz unmittelbare Möglichkeit, jemandem zum direkten Erfassen und Erleben von Wirklichkeitsaspekten zu verhelfen, die der bloßen digitalen, analytisch-verbalen Beschreibung nicht zu-

---

[2] Dieses im Deutschen ungewöhnliche, im Englischen *(injunctive)* aber weitgehend verwendete Eigenschaftswort leitet sich von der lateinischen *injunctio,* der Anweisung, Auferlegung, ab.

gänglich wären. Wie relevant all dies für unsere Überlegungen ist, zeigt sich besonders dann, wenn wir uns das auf Seite 31 erwähnte GALIN-Zitat ins Gedächtnis rufen, wonach das Erlebnis eines Sinfoniekonzerts nur schwer in Worten, der Satz «Demokratie erfordert informierte Teilnahme» dagegen nur schwer in Bildern ausdrückbar ist. Zusammenfassend läßt sich sagen, daß die Psychotherapie in der Verhaltensverschreibung einen dritten unmittelbaren Zugang zur rechten Hemisphäre und damit dem Weltbild eines Menschen hat. Und nun sehen wir auch, daß wir – wie Monsieur Jourdain seine Prosa – in unsere Arbeit zwar schon immer injunktivische Sprachformen hereinnahmen, wenn wir wissentlich (oder viel häufiger unwissentlich) das Verhalten unserer Patienten auf bestimmte Ziele hin motivierten.

Verhaltensverschreibungen erstrecken sich von ganz einfachen, unmittelbaren Aufforderungen zu höchst komplizierten Kombinationen von therapeutischen Doppelbindungen, Umdeutungen und Illusionen der Alternativen. Es braucht wohl nicht eigens betont zu werden, daß eine bestimmte Intervention dieser Art sich nicht schematisch auf alle ähnlichen Fälle anwenden läßt, sondern daß jeder Fall die weitmöglichste Berücksichtigung aller Gegebenheiten der Situation – vor allem ihrer zwischenmenschlichen Aspekte – und daher individuelle Planung erfordert. Gerade aber dadurch wird diese Therapieform so interessant und stellt den Therapeuten vor immer neue Aufgaben, Entscheidungen und Verantwortungen. Da meine Kollegen und ich sie in unserem Buch *Lösungen* [108] eingehend dargestellt haben, und da sich das vorliegende Buch vorwiegend mit der Verwendung der Sprache in der Therapie befaßt, seien hier nur einige Beispiele von verschiedener Komplexität angeführt.

Wenn ERICKSON es in einer Ehetherapie mit einer Frau zu tun hat, die fortwährend unterbricht und außerdem meist für ihren Mann antwortet, bevor dieser den Mund aufmachen kann, sagt er ihr etwa folgendes: «Ich weiß, daß Sie Zeit sparen und mir helfen wollen. Trotzdem aber brauche ich auch die Meinung Ihres Mannes. – Haben Sie vielleicht einen Lippenstift bei sich?» (Natürlich ist das meist der Fall.) «Gut – das wird Ihnen zwar vielleicht lächerlich vorkommen, aber halten Sie ihn bitte mit der Spitze ganz leicht an Ihre Oberlippe. Wenn ich nun Ihrem Mann einige Fragen stelle, so werden Sie bemerken, daß Ihre Lippen sich etwas bewegen werden; ganz als ob sie sprechen wollten. Ich glaube, Sie werden das sehr interessant finden.» Und in seiner Besprechung dieser Intervention erklärt ERICKSON: «Ich habe ihr damit einen legitimen Zweck für ihre Lippen gegeben. Sie versteht ihn zwar nicht, findet das Ganze aber amüsant» [49a, S. 227].

Das nächste Beispiel zeigt die Eleganz einer scheinbar minimalen Intervention in ein menschliches Beziehungssystem, dessen erstarrte, monolithische Struktur dadurch in kürzester Zeit grundlegend verändert wurde. ERICKSON behandelte ein Ehepaar, das gemeinsam ein Restaurant führte. Der Mann beschwerte sich, daß ihn seine Frau dabei völlig dominierte: «Ich bin der Kellner, der Tellerwäscher, die Putzfrau, der Buchhalter, der Einkäufer, alles – aber nichts ist ihr recht.» Sie behauptete, daß sie ihn nur zu gern das Restaurant führen ließe, denn sie möchte lieber mehr Zeit für den Haushalt haben. Beide behaupteten, daß der Partner die Erreichung des individuell Gewünschten (mehr Freiheit in der Führung des Restaurants bzw. mehr Zeit für das Heim) unmöglich machte. Von außerhalb des Systems gesehen, waren beide Wünsche natürlich durchaus vereinbar; innerhalb des Systems dagegen schien die Schuld typischerweise beim anderen zu liegen. Damit steckte diese Zweierbeziehung in jener Zwickmühle, die man in der Kommunikationstheorie ein Spiel ohne Ende [107, S. 216–20] nennt: Das System ist in seinen eigenen, starren Regeln gefangen und kann nicht aus sich heraus eine Regel für die Änderung seiner Regeln (eine Metaregel) hervorbringen. Diese muß also von außen eingeführt werden. Üblicherweise wird dies durch Reden und Deuten versucht, weil einerseits dem linkshemisphärischen Begreifen, der *Einsicht,* eine Bedeutung zugeschrieben wird, der sie sich meines Erachtens kaum je würdig erweist, und weil andererseits Handeln anstelle von Reden für manipulativ gilt.

Wie immer in solchen Fällen unternahm ERICKSON erst jene minutiöse Exploration auch der scheinbar unbedeutendsten Einzelheiten der Situation, die es ihm schließlich ermöglicht, mit der Intervention genau im Schlüsselpunkt des Problems anzusetzen, obwohl dieser Schlüsselpunkt bei oberflächlicher Betrachtung völlig trivial erscheinen mag. Dabei ergab sich, daß die beiden ihr Restaurant täglich um 7 Uhr öffneten und um 22 Uhr schlossen. Die Frau hatte die Schlüssel, während er den Wagen abstellte, bzw. holte. ERICKSON verschrieb folgendes, scheinbar höchst einfaches Verhalten: Der Mann mußte morgens allein zur Arbeit fahren, und sie mußte eine halbe Stunde später zu Fuß nachkommen. Dadurch hatte sie plötzlich eine für sie ganz ungewohnte halbe Stunde Zeit, bei Ankunft im Restaurant war sie aber in der jahrelangen Routine hoffnungslos im Hintertreffen. Bald fand sie, daß es wenig ausmachte, wenn sie 35 oder 40 Minuten oder sogar eine ganze Stunde später hinkam, daß sie in dieser Zeit aber sehr viel daheim unternehmen konnte, was sie sich schon immer vorgenommen hatte. Schließlich begann sie auch, abends früher nach Hause zu gehen. Wie man sieht, bewirkte ERICKSON mit dieser minimalen

Verhaltensverschreibung einen einschneidenden systemischen Wandel (eine die Struktur des Systems selbst verändernde Lösung zweiter Ordnung) und erreichte dies auf dem Wege über konkretes Handeln statt durch Reden [49a, S. 226].

Einem Cand. phil. fehlt zu seiner Promotion nur noch die Dissertation. Diese aber bereitet ihm ungewöhnliche Schwierigkeiten, mit denen er sich bereits seit drei Jahren vergeblich herumschlägt. Es ist August, und die Universität hat ihm als letzte, endgültige Frist für die Ablieferung der Dissertation den 15. Dezember gesetzt. Der Mann ist der ganze Stolz eines großen Clans armer Einwanderer, die in ihm, dem künftigen Doktor, die Rechtfertigung aller ihrer Entbehrungen und die Erfüllung ihrer eigenen, unerfüllten Lebenserwartungen sehen. Dies erzeugt in dem überdurchschnittlich intelligenten und bisher durchaus erfolgreichen jungen Mann eine ungewöhnliche Angst vor Mißerfolg, die sich in folgender Weise bemerkbar macht: Was immer er tut, muß so vollkommen sein, daß es keinen Ansatz zu Kritik bietet. Auf die Dissertation bezogen bedeutet dies, daß in ihr aber auch jeder erdenkliche Einwand vorweggenommen und jeder einschlägige Autor erwähnt sein muß. Wo immer ihm diesbezügliche Zweifel kommen, fügt er eine Fußnote ein, deren Abfassung ihn aber vorsichtshalber zum Lesen eines weiteren Buches veranlaßt, in dem er dann meist zusätzliche, noch nicht behandelte Zusammenhänge zum Thema seiner Arbeit findet. Die Dissertation wächst so ins Unermeßliche. In den drei Jahren hat er fast 400 Seiten geschrieben, die aber nur drei der vorgesehenen acht Kapitel umfassen. Er ist sich darüber im Klaren, daß er auf diese Weise die Arbeit unmöglich innerhalb der ihm gesetzten Frist abschließen kann. Er quält sich täglich viele Stunden am Schreibtisch und in den Bibliotheken und kommt dabei von der Vorstellung nicht los, daß ihm die Mitglieder seiner Prüfungskommission über die Schulter blicken und hämisch auf seine Fehler und seine Unterlassungen warten. Alle sich unmittelbar auf seinen *modus operandi* beziehenden therapeutischen Interventionen schlagen zunächst fehl, und er erhält schließlich die Anweisung, sich bis zur nächsten Sitzung mehrmals absichtlich, aber in möglichst harmloser Weise in der Öffentlichkeit lächerlich zu machen. – Wie immer bei solchen Interventionen war auch hier die bisher versuchte Lösung das Ziel der Verhaltensverschreibung; also seine ängstliche Vermeidung jeder nur erdenklichen Blamage, die für seine vom Hundertsten ins Tausendste führende Akribie verantwortlich war. Nachstehender Bericht des jungen Mannes über die Wirkung dieser Intervention ist der Tonbandaufnahme der nächsten Sitzung entnommen:

«Das erste Mal ging ich in ein mexikanisches Restaurant und verlangte eine *egg roll* 3 und sagte: 'Ist das nicht eine mexikanische Spezialität?' Ich mußte mich sehr zusammennehmen, um überhaupt hineinzugehen, und die Sache war mir äußerst peinlich. Das zweite Mal, da ging ich in einer Straße, deren Namen ich kenne, und fragte jemanden, wo diese Straße war – und es war mir schon weniger peinlich und ich mußte mich weniger zusammennehmen. Und als ich immer öfters solche dummen Fragen stellte, fand ich es immer leichter und – ah, es wurde mir immer klarer, wie todernst ich mich nehme, und wie lächerlich das ist [lacht kurz] und – ah, ich bin von Natur ein nachdenklicher Mensch und ich habe oft herumspekuliert, wie das mit meinen persönlichen Schwierigkeiten zusammenhängt und meinem Leben und meiner Vergangenheit und meiner Kindheit usw. – aber, worum es wirklich dabei geht: ich nehme mich selbst zu ernst und das tue ich jetzt weniger [...]. Es war eine sehr gute Übung für mich – ich meine damit, die Wirkung war ganz unmittelbar – ich begann, mich weniger ernst zu nehmen und mich weniger darüber sorgen, ob ich einen guten oder schlechten Eindruck mache ...» 4

Angstvolle Erwartungen oder angstbesetzte Situationen, wie sie den Kern von Angstneurosen und Phobien darstellen, zeichnen sich immer durch einen hohen Grad von Absurdität aus und entziehen sich eben deswegen jedem vernünftigen Zuspruch. Gerade deshalb aber sind sie Verhaltensverschreibungen zugänglich, deren Verschrobenheit und Irrealität dem gesunden Menschenverstand Hohn spricht. Hierbei ist freilich nicht nur die Regel des unaufgelösten Restes zu beachten, sondern man muß sich u. U. mit kleinsten Schritten und auf weiten Umwegen dem Ziele nähern. Der Phobiker, der keine hell erleuchteten, überfüllten Gebäude betreten kann, wird sich auf Grund der völlig absurden Anweisung etwas sicherer fühlen, sich dem kritischen Punkt im Inneren des Gebäudes, an dem ihn seine Angst übermannen würde, nur auf einen Meter zu nähern. Von der Vernunft her ist das absurd. Was soll das heißen, und wo ist dieser Punkt? Im subjektiven Erleben des Phobikers aber hat diese Kommunikation eine ganz andere Wirkung: Er schiebt nun sozusagen eine Sicherheitszone von einem Meter vor sich her, und die Situation ist damit für ihn in pragmatischer Weise von einem absoluten zu einem relativen Problem umgedeutet. (Man beachte auch die Verschiebung ins Bildhafte.) In ähnlicher Weise ließ ERICKSON einmal das «wirkliche» Problem eines Patienten, seinen Duschzwang, scheinbar völlig unbeachtet, und verschrieb ihm zunächst eine andere Art Seife, dann verschiedene Handtücher, andere Zeitpunkte für die zahlreichen täglichen Duschbäder, usw., und erzeugte damit fast unmerklich immer größere Spalten in der scheinbar monolithischen Struktur dieser Neurose.

---

3 Ein kleiner, fleischgefüllter Eierpfannkuchen, typische Spezialität der chinesischen Küche.
4 In der Nachuntersuchung dieses Falles ergab es sich, daß er seine Dissertation fristgerecht eingereicht hatte und sie von der Fakultät angenommen worden war.

Alles, nur das nicht

Dal dire al fare
c'è di mezzo il mare. [1]

Der häufigste Zweifel, der in bezug auf die bisher beschriebenen Interventionen geäußert wird, nimmt meist die Form der Frage an: Wie kann man vernünftige, selbständig denkende Menschen zur Ausführung dieser unvernünftigen und oft geradezu läppischen Handlungen bringen? Hierzu ist vor allem zu bemerken, daß unsere Patienten – vor allem die, die mit ihrem Latein am Ende sind – gerade in der absurden, paradoxen Natur der Verhaltensverschreibungen die Möglichkeit einer bisher nicht in Betracht gezogenen Lösung (die aristotelische Möglichkeit des Andersseins) wittern. Die Ungefährlichkeit der Verschreibungen, sowie die Tatsache, daß sie scheinbar ganz am Rande des «wirklichen» Problems ansetzen und geringen Aufwand an Zeit, Geld oder Energie erfordern, trägt zusätzlich zu ihrer Annahme und Ausführung bei.

Eine verläßliche Regel ist das allerdings nicht. Jede richtig angesetzte Intervention stößt – eben weil sie richtig ansetzt – auf denselben Widerstand, der es dem Betreffenden bisher unmöglich gemacht hat, mit seinem Problem von sich aus fertigzuwerden. Es dürfte eine nützliche Vereinfachung sein, festzustellen, daß jeder, der sich einer Psychotherapie unterzieht, in verschiedenster Weise grundsätzlich dasselbe sagt, nämlich: Alles, nur *das* nicht. Gemeint ist damit, daß seelisches Leiden in uns die Bereitschaft erweckt, *alles* zu seiner Behebung zu tun, außer einer ganz bestimmten Sache; und diese «ganz bestimmte Sache» ist gerade das, was das Leiden verursacht. Damit schließt sich der Teufelskreis des Problems und der problemerhaltenden «Lösungen». Die einzig mögliche Lösung liegt immer in der Richtung der größten Angst und daher des heftigsten Widerstandes.

Es fragt sich also, wie man angesichts der «Alles, nur *das* nicht»-Haltung den Weg über das Meer finden kann, das im Sinne des eingangs erwähnten Sprichworts die Verhaltensverschreibung (das Reden) von ihrer praktischen Befolgung (dem Handeln) trennt. Hierfür bieten sich wiederum eine Reihe von Techniken an, die im Folgenden ohne Anspruch auf Vollständigkeit erwähnt seien.

---

[1] Zwischen Reden und Tun liegt das Meer. Italienisches Sprichwort.

Einer der grundsätzlichen Unterschiede zwischen der traditionellen Psychotherapie und gewissen kurztherapeutischen (einschließlich hypnotherapeutischen) Methoden besteht darin, daß in ersterer dem Patienten zunächst eine neue «Sprache» beigebracht wird; die Sprache der betreffenden psychotherapeutischen Theorie. Dieser Lernprozeß ist unvermeidlicherweise zeitraubend und trägt wesentlich zur Länge der klassischen Therapien bei. In der Hypnose wird dagegen seit alters her das diametral entgegengesetzte Vorgehen verwendet: Der Hypnotiseur erlernt und gebraucht die Sprache des Klienten, wobei der Begriff *Sprache* hier metaphorisch und buchstäblich gemeint ist. D. h. der Therapeut bemüht sich nicht nur um ein möglichst rasches und umfassendes Begreifen der Erwartungen, Ängste, Hoffnungen, Vorurteile, kurz: des Weltbilds seines Patienten, sondern er schenkt auch seiner Sprache im eigentlichsten Sinne Beachtung und übernimmt sie in seine eigenen Kommunikationen. Es dürfte wohl jedem klar sein, daß man mit einem Kind anders sprechen muß als mit einem Erwachsenen, oder mit einem einfachen Menschen anders als mit einem zerebralen Akademiker. Darüber hinaus aber enthüllt die Wortwahl eines Menschen so manches darüber, mit welchen Sinnesmodalitäten er die Welt primär erfaßt. Daß gewisse Menschen «visuelle Typen» sind, andere die Welt hauptsächlich über ihre Körperempfindungen erleben, ist allgemein bekannt. Weniger bekannt oder weniger beachtet ist aber die Tatsache, daß sich diese Erfassungsmodi in der Alltagssprache des Betreffenden ausdrücken: «Ich sehe da nicht klar», «... und da erst gingen mir die Augen auf», die Erwähnung von Formen und Farben, die Beschreibung eines Menschen oder einer Situation in fast fotografischen Einzelheiten, sind offensichtlich visuelle Ausdrucksformen. «Das liegt mir im Magen», «In seiner Gegenwart fröstelt es mich», «Diese Blamage steckt ihm in den Knochen» und unzählige andere, ähnliche Sprachformen sind Äußerungen eines primär empfindungsmäßigen, propriozeptiven Erlebens der Welt. All dies läßt sich unschwer dann erfassen und verwenden, wenn man lernt, nicht nur dem Inhalt sondern auch der Form von Kommunikationen Beachtung zu schenken.

Allerdings erfordert dies eine wesentliche Haltungsänderung des Therapeuten selbst. Statt sich als festen Fels in der Brandung zu sehen, wird er so zum Chamäleon. Und hier scheiden sich die Geister. Manche verschanzen sich selbst hinter der Losung, «Alles, nur *das* nicht»; andere finden in der Notwendigkeit immer wieder neuer Anpassungen an das Weltbild ihrer Patienten eine faszinierende Aufgabe.

In der Notwendigkeit, die Sprache des Patienten zu erlernen, liegt genau das, was VIEHWEG (siehe Seite 37) in bezug auf die aristotelische Topik als prämissensuchendes Verfahren bezeichnet. Denn tatsächlich suchen wir ja nach Prämissen, die wir dann in den Dienst des zu erzielenden Wandels stellen. Schon XENOPHON berichtet: «Wenn SOKRATES selber etwas erklären wollte, begann er mit Voraussetzungen, welche die größte Wahrscheinlichkeit einer Übereinstimmung boten; denn er hielt das für den sichersten Weg, miteinander zu argumentieren» [115].

Hierzu vor allem ein ganz buchstäbliches Beispiel, das dem Leser außerdem eine Idee von der ungewöhnlichen Persönlichkeit und der Ausdauer MILTON ERICKSONS geben dürfte:

ERICKSON arbeitete als junger Psychiater einmal in einer Anstalt, in der ein etwa fünfundzwanzigjähriger Patient sein Leben fristete. Er war von der Polizei vor fünf Jahren auf Grund gestörten Verhaltens festgenommen und eingeliefert, aber niemals identifiziert worden, da er keine Dokumente hatte, anscheinend von niemandem vermißt wurde, und außer «Ich heiße George», «Guten Tag» und «Gute Nacht» keinerlei verständliche Äußerungen machte. Auf jeden Versuch, mit ihm ins Gespräch zu kommen, reagierte er mit langen, raschen Verbalisierungen in einer Kunstsprache. Unzählige Psychiater, Psychologen, Schwestern, Sozialarbeiter und sogar Mitpatienten hatten im Laufe der Jahre vergeblich versucht, in diesem Wortsalat einen Sinn zu finden, oder George dazu zu bringen, sich klar auszudrücken. Man hatte ihn schließlich allein gelassen und George war dazu übergegangen, fast unablässig vor sich hinzumurmeln. Einige Tage lang saß ERICKSON jeweils eine volle Stunde lang schweigend neben George, der ihn ignorierte. An einem der nächsten Tage stellte er sich durch plötzliche laute Nennung seines Namens sozusagen der leeren Luft vor. George reagierte darauf erst am folgenden Tage, als ERICKSON seine Namensnennung direkt an ihn richtete. Er produzierte einen langen, ärgerlich klingenden Wortsalat, ohne ERICKSON dabei anzusehen. Auf diesen Ausbruch antwortete ERICKSON (der sich sorgfältig auf diese Intervention vorbereitet hatte) mit einem ebensolangen, aber höflich klingenden Wortsalat, der ähnlich wie die Kunstsprache des Patienten klang, aber andere Pseudoworte enthielt. George schien verblüfft, und als ERICKSON fertig war, antwortete er ihm mit einer anderen, diesmal fragend klingenden Verbalisierung, auf die ERICKSON wiederum höflich-erklärend «antwortete». Am nächsten Tage begann die Konversation mit gegenseitigen Namensnennungen, gefolgt von einem vierstündigen, ununterbrochenen Wortsalat Georges. Obwohl dabei ERICKSONS Mittagessen zum Opfer fiel, antwortete er mit einem Wortsalat von ebenfalls vierstündiger Dauer. Daran schloß sich eine weitere, zweistündige Verbalisierung des Patienten, auf die der etwas erschöpfte ERICKSON eine ebensolange Pseudoantwort gab. Am folgenden Morgen begann die Therapie wiederum mit gegenseitiger Vorstellung, aber nur einem ganz kurzen Austausch von Wortsalat, worauf George unvermittelt sagte: «Reden Sie vernünftig, Doktor», und dieser antwortete: «Warum nicht? Mit Vergnügen. Was ist Ihr Familienname?» – Innerhalb eines Jahres war George so weit, daß er entlassen werden konnte und sich eine Stelle fand. In unregelmäßigen Abständen kam er ERICKSON in der Anstalt besuchen; hauptsächlich um ihm von seinem Leben zu berichten. Unweigerlich begann und endete er diese Besuche mit einer Portion Wortsalat, und manchmal bemerkte er dazu trocken: «Es geht nichts über ein bißchen Unsinn im Leben; nicht wahr, Herr Doktor?» [26].

In dem auf Seite 94 erwähnten Fall der überbesorgten Mutter spielte die Verwendung ihrer «Sprache» bereits in dem Sinne mit, als sie offensichtlich nicht bereit war, das Problem ihres Sohnes in irgendeiner anderen Weise als durch aufopfernde mütterliche Hilfe zu lösen. Statt den Fehler aller bisherigen, vom gesunden Menschenverstand geleiteten Ratgeber zu wiederholen, deutete der Therapeut die Situation dahingehend um, daß er von der Mutter eine ganz besondere Hilfeleistung forderte, statt zu versuchen, sie vom «Helfen» abzubringen und den Jungen in Ruhe zu lassen. Und im fiktiven Beispiel des Räubers (Seite 90) verwendet der Überfallene ebenfalls die Sprache des anderen. Er versucht nicht, den Rahmen der Gewalttätigkeit und der gesetzwidrigen Aneignung von Geld zu ändern, sondern stellt in derselben «Sprache» eine andere, viel einträglichere Möglichkeit in Aussicht.

ERICKSON fand sich einmal einer vergleichbaren Drohung gegenüber. Eine schwer depressive, völlig isoliert lebende Patientin sagte ihm zu Beginn der ersten Sitzung, daß er ihre letzte Hoffnung war, und erklärte ihm ultimativ, daß sie ihm drei Monate Zeit gebe, ihr zu helfen. Sollte die Therapie ihr nicht helfen, so werde sie sich das Leben nehmen. Statt dasselbe oder mehr desselben zu versuchen, woran andere vor ihm offensichtlich bereits gescheitert waren, nämlich ihr ihre Selbstmordabsichten auszureden, ging ERICKSON direkt auf ihre «Sprache» ein und schlug ihr in den für ihn typischen, langatmigen Monologen sachte und selbstverständlich ohne jeden Sarkasmus vor, diese drei Monate dazu zu verwenden, noch all das zu tun, was sie seit Jahren gern getan hätte, es aber nicht zu tun gewagt oder es sich nicht leisten zu können geglaubt hatte. Da sie sich seit Monaten völlig gehen hatte lassen, schlecht gekleidet und ungekämmt war, und ein allgemeines Bild der Verwahrlosung bot, schlug er ihr vor allem vor, einen Schönheitssalon zu besuchen und wenigstens einmal selbst zu erleben, was vom Schicksal begünstigteren Frauen eine allwöchentliche Selbstverständlichkeit war. In ähnlicher Weise und ohne unmittelbaren Bezug auf den von ihr gedrohten Selbstmord legte er es ihr nahe, doch ruhig ihr Geld für elegante Kleider, bestimmte Delikatessen und anderen Luxus auszugeben. Das Ende der Geschichte läßt sich erraten. Indem ERICKSON innerhalb des Rahmens des von der Frau gestellten Ultimatums blieb und ihn niemals in Frage stellte, gelang es ihm, sie durch viele kleine Schritte aus dem Rahmen herauszuführen und damit ihr Weltbild zu ändern.

Verwendung des Widerstands

In jeder Konfliktsituation gibt es grundsätzlich zwei Möglichkeiten, die Vorstöße des anderen abzuwehren: entweder Stoß mit Gegenstoß mindestens gleicher Stärke zu begegnen, oder nachzugeben, so daß der Stoß ins Leere geht und den Gegner aus dem Gleichgewicht wirft. Die Nützlichkeit dieser zweiten, der «Judo»-Methode in der Psychotherapie, wird von einer ganzen Reihe von Autoren anerkannt, wie ja überhaupt die Verwendung des Widerstandes (z. B. der negativen Übertragungsphänomene) ganz allgemein nicht nur nicht als Hindernis, sondern als therapieförderndes Vorgehen gilt. Meist bleibt es hier allerdings bei bequemen Lippenbekenntnissen und wird der Widerstand nur zu rasch als Zeichen dafür gesehen, daß der Patient «noch nicht reif für Therapie» ist. Auch zu diesem Thema läßt sich sehr viel von der Hypnotherapie lernen, wo die Fähigkeit, jede Form des Widerstands und jeden Fehlschlag sofort zu einem Beweis des Erfolgs umdeuten zu können, für den tatsächlichen Erfolg ausschlaggebend ist.

Nochmals zurück zur überbesorgten, infantilisierenden Mutter (Seite 94). Sie widerstand erfolgreich allen Aufforderungen, sich doch zurückzuhalten und den Sohn aus eigenem mit den Widerwärtigkeiten des Lebens fertigwerden zu lassen. Der Therapeut verwendete ihren Widerstand, indem er nicht nur *nicht* versuchte, sie von ihrer Überprotektion abzubringen, sondern noch *mehr desselben* verlangte. Dieser Aufforderung, mit der sie nicht einverstanden war, weil sie als eine notwendige Erschwerung des Lebens ihres Sohnes dargestellt wurde, konnte sie nur dadurch Widerstand leisten, daß sie *weniger desselben* tat. Wie schon bei der Besprechung der Umdeutungen erwähnt, beweist dieses Beispiel, daß nicht nur die Verwendung, sondern sogar die Hervorrufung eines Widerstandes im Dienste der Therapie stehen kann. Hierbei kommen Umdeutungen zur Anwendung, die entweder absurd, läppisch, oder aus irgendeinem anderen Grunde mit dem Weltbild des Betreffenden so unvereinbar sind, daß er sie verwerfen muß, sie aber nur dadurch verwerfen kann, daß er das tut, was – ohne daß er sich darüber Rechenschaft ablegt – zum gewünschten Wandel führt. Auf diese Weise wird ein Widerstand zuerst provoziert und dann verwendet.

Ein Beispiel für diese Form der Verwendung von Widerstand läßt sich anhand des in der Familienpsychotherapie häufig anzutreffenden Interaktionsmuster zwischen dem renitenten Jugendlichen und seinen Eltern geben, die entweder mit ihrem Latein am Ende sind oder ihn ununterbrochen mit wirkungslosen Strafen zu bessern versuchen. In Anwesenheit des Jungen kann hier der Therapeut unter Berufung auf die Autorität seiner «langjährigen klinischen Erfahrung in solchen Fällen» die Lage dahin umdeuten, daß der Junge nicht wirklich frech ist, sondern aus einer tiefsitzenden, existentiellen Angst vor dem Erwachsenwerden und dem Verlust der Sicherheit des Kindesalters handelt. Diese Umdeutung bezweckt zweierlei. Erstens mobilisiert sie fast unweigerlich die Trotzhaltung des Jungen, da für ihn die Unterstellung von Angst unannehmbar ist; in seiner eigenen Sicht handelt er ja aus einer Position von Stärke und Wagemut. Da er aber diesmal nicht gegen ein Verbot anrennt, sondern gegen das Urteil eines «Fachmanns» darüber, was «in Wirklichkeit» in ihm selbst vorgeht, kann er dieses Urteil nur dadurch *ad absurdum* führen, daß er den Nachweis erbringt, keineswegs ein hilfloser Spielball unbeherrschbarer Kräfte zu sein. Dies läßt sich nur dadurch erreichen, daß er sich weniger renitent benimmt, während der Therapeut jedes neuerliche freche Verhalten als «Beweis» für die Richtigkeit seiner Deutung hinstellen kann. Zweitens führt die Intervention auch zu einer Abschwächung der bisher versuchten, problemverewigenden Fehllösungen der Eltern. Wenn sie nämlich die Möglichkeit auch nur in Betracht ziehen, daß der Fachmann mit seiner tiefenpsychologischen Erklärung recht haben könnte, so werden sie dem Jungen gegenüber jene tolerantere Haltung einnehmen, die man Menschen mit tiefsitzenden Problemen zu gewähren bereit ist. Diese Toleranz aber macht es für den Jungen einerseits weniger notwendig, ihnen zu trotzen, zwingt ihn aber andererseits zu noch klareren Beweisen, daß er nicht renitent sein «muß».

Zu welchem komplexen Instrument der Beeinflussung die Verwendung des Widerstandes in Verbindung mit einer Illusion der Alternativen und der vielschichtigen Logik «injunktivischer» Kommunikationen in der Hand eines Fachmanns werden kann, zeigt folgendes Beispiel:

Im Alter von acht Jahren erklärte ERICKSONS Sohn Lal eines Abends, daß ihm sein Vater von nun an keine Anweisungen mehr geben könne, daß er zum Beweis dafür sein Abendessen nicht essen werde, und daß sein Vater nichts dagegen machen werde können. ERICKSON nahm die Herausforderung an, meinte aber, daß es bedauerlich wäre, wenn Lal deswegen auf sein Abendessen verzichten müßte. Würde das Nichttrinken bzw. das Trinken eines großen Glases Milchs denselben Beweis erbringen? Der Junge bejahte. Nach dem Essen stellte ERICKSON ein Glas Milch mitten auf den Tisch, und das von ihm sorgfältig geplante Ritual begann. Seine erste Aufforderung an das Kind war: «Lal, trink die Milch», worauf dieser mit fester Entschlossenheit antwortete: «Ich will nicht, und du kannst mich nicht dazu bringen». Darauf befahl ihm sein Vater: «Schütte die Milch aus!». Der Junge war verblüfft, faßte sich aber rasch und weigerte sich, auch dieser Aufforderung nachzukommen. ERICKSON wiederholte diese Anweisung ein- oder zweimal, und sein Sohn reagierte darauf wie beim ersten Mal. Dann befahl ihm sein Vater, das Glas auf den Boden zu werfen, und wiederum weigerte sich Lal, es zu tun. Der nächste Befehl des Vaters war: «Hebe das Glas Milch nicht auf». Nach einer Sekunde der Überlegung hob Lal das Glas herausfordernd auf, erhielt aber gleich darauf den Befehl: «Stell das Glas nicht hin», worauf er es sofort auf den Tisch setzte. ERICKSON schrieb nun die beiden Anweisungen, «Heb das Glas auf» und «Stell das Glas hin», auf eine Wandtafel und erklärte dem Jungen, daß er jedes Mal, wenn dieser einer der beiden Anweisungen gehorchte, unter der betreffenden Anweisung einen Zählstrich machen werde. Nun begann das Spiel für Lal ernst zu werden, denn sein Vater befahl ihm: «Heb das Glas nicht auf», und machte einen Zählstrich unter «Heb das Glas auf», als der Junge es sofort aufhob. Sofort erhielt er die Anweisung: «Stell das Glas nicht hin», worauf er die Milch hinstellte, was ihm einen Zählstrich unter «Stell das Glas hin» einbrachte. Nach einigen Wiederholungen dieser beiden Befehle, die Lal mit sinkendem Mut «verweigerte», schrieb sein Vater zwei weitere Anweisungen auf die Tafel, nämlich «Trink die Milch» und «Trink die Milch nicht». Darauf befahl er: «Trink die Milch nicht», und in Verzweiflung hob Lal das Glas an seine Lippen. Bevor er aber den ersten Schluck trinken konnte, erhielt er zu seiner Erleichterung die Anweisung: «Trink deine Milch», worauf je ein Zählstrich unter die Rubriken «Stell das Glas hin» und «Trink die Milch nicht» hinzugefügt wurde. Nach einigen Wiederholungen dieses Kommunikationsablaufes gab ERICKSON dem Jungen die Anweisung, das Glas nicht über seinem Kopf zu halten, sondern auszuschütten, was jenem scheinbar keine Alternative ließ, als sich das Glas auf den Kopf zu stellen. ERICKSON verließ dann das Zimmer, kehrte mit einem Buch und einem weiteren Glas Milch zurück und bemerkte leichthin: «Das Ganze ist kindisch. Stell dein Glas Milch nicht hin». Mit einem Seufzer der Erleichterung stellte Lal das Glas ab und erklärte sich einverstanden, das Spiel zu beenden. ERICKSON leerte darauf sein Glas, und nach einem Augenblick der Überlegung tat Lal dies mit seinem [28, S. 148–50]. Wie der Leser feststellen kann, liegt das Bemerkenswerte an diesem Beispiel nicht nur in der bereits erwähnten, komplexen Verwendung verschiedener Interventionsformen, sondern auch in der behutsamen Weise, in der ERICKSON es seinem Kind ermöglichte, Gesicht zu bewahren.

Manchmal kommt der Widerstand von Drittpersonen und kann in ähnlicher Weise verwendet oder wenigstens neutralisiert werden. – Eine attraktive Einundzwanzigjährige sucht Hilfe für ihre wiederholten Fehlschläge bei der Anknüpfung und Erhaltung ihrer Beziehungen zu Männern. Sie wünscht nichts sehnlicher, als bald zu heiraten, und es hat den Anschein, daß sie daher in jede neue Bekanntschaft mit einem so unverhüllten Heiratsenthusiasmus hineingeht, daß sich der betreffende Mann sehr rasch verflüchtigt. Für sie ist es unverständlich, warum sie immer wieder sitzengelassen wird. Erschwerend kommt dazu, daß ihre Mutter, die in einer mehrere tausend Kilometer entfernten Stadt lebt, ebenfalls auf baldige Heirat ihrer Tochter hofft, sich in ihren tagtäglichen Anrufen eingehend nach diesbezüglichen Fortschritten erkundigt, und sie mit guten Ratschlägen überhäuft. Diese Anrufe verstärken zusätzlich die Intensität der Bemühungen der Tochter, die jeder «erfolglose» Tag fast in eine Panik führt. Um dieses Verhalten des Mädchens, das just das Gewünschte unmöglich macht, zu ändern, scheint es vor allem notwendig, die ununterbrochene «Hilfe» der Mutter zu neutralisieren. Dies ist dem Mädchen selbst unmöglich, denn erstens handelt es sich schließlich um ihre Mutter, und zweitens ist die Mutter Psychologin und weiß daher genau, was die Tochter tun soll. Sie kennt unser Buch *Lösungen* und sie war es auch, die die Tochter zu uns schickte, und zwar mit der Bemerkung: «Wenn dir jemand helfen kann, dann diese Leute in Palo Alto». Damit ergibt sich ein brauchbarer Ansatz. Die Tochter erhält den Auftrag, sofort nach der ersten Sitzung ihre Mutter anzurufen und ihr zu sagen, daß wir es ihr verboten haben, der Mutter bis auf weiteres irgend etwas über die Therapie oder ihr Privatleben mitzuteilen, und daß wir ferner überzeugt sind, die Mutter werde auf Grund ihrer Kenntnis unseres Buchs genau wissen, warum wir dies anordneten, doch dürfe sie dies der Tochter nicht erklären. Die damit zum Ko-Therapeuten beförderte Mutter muß nun ihre telefonischen Befragungen einstellen, was zu einer fast sofortigen Entkrampfung der Tochter führt, die sich nun wenigstens nicht mehr vor dem allabendlichen Eingeständnis eines weiteren «verlorenen» Tages zu fürchten braucht.

Fast das genaue Gegenteil ist die nicht allzu seltene Lage, die dann besteht, wenn einerseits ein Fortschritt in der Therapie seitens dritter Personen (Ehepartner, Eltern, Lehrer, behandelnde Ärzte, Sozialarbeiter) gemeldet wird, der Patient selbst aber beharrlich darauf besteht, daß ihm die Therapie nicht helfe. In diesem Falle kann es ihm, ohne Erklärung des Grundes, zur Auflage gemacht werden, auf keinen Fall jemals auch nur die leiseste Besserung zu erwähnen, sondern, welchen Verlauf auch immer die Behandlung nehme, nur zu melden, daß sich nichts geändert habe. Gleichgültig, ob er auf diese Verhaltensverschreibung eingeht oder nicht, kann ihn der Therapeut nun jedesmal für seine willige Mitarbeit loben, wenn er sich weiterhin über das Ausbleiben von Fortschritten beschwert – denn gerade dann, wenn er darauf besteht, daß *wirklich* keinerlei Fortschritt eingetreten sei und er sich *wirklich* darüber beschwere (und nicht nur, weil der Therapeut aus irgend welchen absurden Gründen dies so wolle), läßt sich dies als besonders gewissenhafte und erfindungsreiche Befolgung der Verhaltensverschreibung hinstellen. Auch hier spielt die schon zum Thema der Umdeutungen und der Illusion der Alternativen erwähnte Setzung eines Rahmens herein: Der Patient pocht darauf, daß seine Beschwerde *außerhalb* des Rahmens der Verhaltensverschreibung stehe; der Therapeut schließt die Beschwerde *in* den Rahmen ein, indem er die Äußerung, «Meine Beschwerde ist nicht eine Befolgung Ihres Auftrags, sondern eine wirkliche Beschwerde», zu einer Befolgung seines Auftrags deklariert. Die Struktur ist also die einer Russelschen Paradoxie, denn sie baut sich auf dem Unterschied, bzw. der Vermischung, von einer Gruppe (logischen Klasse) mit einem ihrer Elemente (Mitglieder) auf. – Und schließlich verwendet diese Intervention auch die als nächstes zu erwähnende Technik der Vorwegnahme.

Vorwegnahmen

In seiner *Rhetorik an Alexander* beschreibt ARISTOTELES die Vorwegnahme als

ein Mittel, um Vorwürfe von seiten der Hörer oder solcher, deren Widerspruch zu erwarten ist, vorwegzunehmen und die dadurch zu erwartenden Schwierigkeiten aus dem Wege zu räumen [...]. In dieser Form muß man Dinge, die wahrscheinlich bei den Zuhörern Anstoß erregen werden, vorwegnehmen und entschuldigen mit Gründen, die sein Auftreten rechtfertigen, ... [3, 19., 32b].

Einige Beispiele für Vorwegnahmen in therapeutischer Kommunikation sind:

«Sie werden das vermutlich unsinnig finden, aber ich habe den Eindruck, daß ...»

«Das kommt Ihnen wahrscheinlich lächerlich vor, aber man könnte sagen, ...»

«Es gibt da eine recht einfache Lösung, die Ihnen aber sicherlich nicht liegen wird: ...»

«Ich weiß, nur wenige Leute würden das so sehen, aber ...»

«Die Lösung wird Ihnen sicherlich sehr schwer fallen, da sie, rein oberflächlich gesehen, recht absurd ist: ...»

Die Vorwegnahme fordert also ein Einverständnis dadurch geradezu heraus, daß durch sie mangelndes Einverständnis indirekt als Beweis von Begriffsstützigkeit, Phantasielosigkeit oder beschränktem Verständnis hingestellt wird.

Der Vorwegnahme – und der Konfusionstechnik – verwandt sind ferner Redewendungen, mit denen man etwas sagt, indem man es angeblich nicht sagt. Auch dies wird bereits von ARISTOTELES empfohlen:

Mit verstelltem Ernst sagt man etwas, wenn man vorgibt, es nicht zu sagen oder wenn man es gegenteilig ausdrückt [...]. So erinnert man kurz, indem man etwas sagt, was man angeblich nicht sagen will [3, 21., 34a].

Die Annahme liegt nahe, daß dabei die Absurdität des angeblichen Nichtsagens des Gesagten die linke Hemisphäre blockiert, während die rechte, mit ihrer notorischen Unfähigkeit der Erfassung von Verneinungen, den Satz in seiner eigentlichen Bedeutung annimmt. Beispiele aus der Praxis sind:

«Wenn Ihre Frau nicht anwesend wäre, würde ich Folgendes sagen: ...»

«Wenn ich nicht Ihr Therapeut wäre, würde ich ganz einfach darauf verweisen, daß ...»

«Jemanden, der nicht so verzweifelt ist wie Sie, würde ich ganz einfach auf die Banalität dieses Problems aufmerksam machen.»

«Ihr Problem ist, daß sie ungewöhnlich intelligent sind – dadurch kann für Sie eine verhältnismäßig unbedeutende Sachlage überaus kritisch werden.»

Abschließend einige grundsätzliche Bemerkungen zum weiten und fruchtbaren Feld der Verhaltensverschreibungen und zum Thema des Widerstandes gegen sie. Wie schon erwähnt, und wie es sich wohl von selbst versteht, muß der Auftrag immer annehmbar, vor allem nicht entwürdigend, nicht mit größeren Schwierigkeiten oder großen Kosten verbunden, sondern anscheinend nebensächlich sein. Grundsätzlich sind kleine Verhaltensverschreibungen wirksamer als große; und solche, die eine ganz bestimmte *Handlung* statt nur eine Verbalisierung erfordern, in ihrer Wirkung verläßlicher. Ferner hat der Patient immer recht (außer, daß er eventuell noch «rechter» haben könnte), und der Therapeut läßt sich daher nie auf einen offenen Machtkampf mit ihm ein. Weigert sich der Patient, eine Verhaltensverschreibung anzunehmen, oder führt er sie nicht aus, so empfiehlt es sich, dafür volle Verantwortung zu übernehmen und sich damit zu entschuldigen, aus therapeutischem Überoptimismus dem Patienten zuviel aufgebürdet zu haben.

Daß das Finden der rechten Intervention meist keine leichte Aufgabe ist, dürfte ebenfalls klar sein. ERICKSON und ROSSI [28, S. 151] vergleichen diese Suche mit dem Vorgehen eines Schlossers, der eine verschlossene Tür schließlich dadurch öffnet, daß er behutsam und geduldig einen Schlüssel nach dem anderen im Schloß ausprobiert.

Der von Anfängern häufigst begangene Fehler besteht darin, die Verhaltensverschreibung womöglich in einen einzigen Satz zu zwängen und dann enttäuscht zu sein, wenn sie der Patient entweder völlig mißversteht oder ignoriert. Auch hier hilft Ausbildung in Hypnose: Jede Suggestion, auch eine im Wachzustand gegebene (und eine Verhaltensverschreibung ist eine solche), muß in langsamer, klarer und sich oft wiederholender Sprache gegeben werden; einer Sprache, die möglichst alle Mißverständnisse vorwegnimmt und alle Hintertürchen schließt. Im allgemeinen zögern wir alle, etwas zu oft zu sagen, da es die Intelligenz unseres Gesprächspartners in Frage zu stellen scheint. Im therapeutischen Gespräch machen wir aber nur zu oft die peinliche Feststellung, daß ein Klient auf einen scheinbar bereits bis zur Ermüdung gemachten Hinweis bei nochmals gewagter Wiederholung plötzlich sagt: «Sie haben wirklich recht – warum haben Sie mir das nicht längst schon so erklärt?»

Was das langsame, repetitive Vorgehen betrifft, so läßt sich die in der Hypnose verwendete sogenannte Schindeltechnik in die allgemeine Therapie übernehmen. Sie besteht darin, daß man jeweils die zweite Hälfte eines Satzes zur ersten Hälfte des nächsten Satzes macht, was an die Art und Weise gemahnt, in der sich Schindeln auf einem Dach halb überlagern. Dazu wenigstens ein Beispiel aus einer Tranceinduktion: «Ich werde nun langsam von eins bis fünf zählen. Wenn ich bei fünf ankomme, werde ich leicht auf den Tisch klopfen. Wenn sie dieses Klopfen hören, werden Sie ein Gefühl angenehmer Schwere in Ihrem Körper feststellen. Sobald Sie dieses Gefühl der Schwere bemerken, ...»

Rituale

Angenommen, ERICKSON hätte der auf Seite 52 erwähnten Patientin aufgetragen, nach der Sitzung ihren Kühlschrank daheim *tatsächlich* zu entfrosten. Mit dieser Verhaltensverschreibung wäre die symbolisch-imaginäre Natur seiner therapeutischen Intervention in das Weltbild (der Wirklichkeit zweiter Ordnung) seiner Patientin auch auf ihre Wirklichkeit erster Ordnung (den «wirklichen» Kühlschrank, sein «wirkliches» Entfrosten, usw.) ausgedehnt. Wir hätten es dann mit einem Handlungsablauf zu tun, in dem sich symbolische und konkrete Elemente vermischen, und auf den der Begriff des Rituals anwendbar wäre.

Das Ritual ist die umfassendste und eleganteste Synthese, in der sich alle in diesem Buch beschriebenen Interventionen vereinen lassen. Seine archetypische Bedeutung zu allen Zeiten und in allen Zonen ist bekannt, und die Literatur darüber völlig unübersehbar. «Wenn die Menschheit ausstürbe bis auf ein einziges halbwegs begabtes Kind, das keinerlei Unterricht genossen hat, so würde dieses Kind den ganzen Gang der Dinge wiederfinden, es würde Götter, Dämonen, Paradies, Gebote und Verbote, Alte und Neue Testamente, alles würde es wiederproduzieren können», schreibt HERMANN HESSE im *Demian*.

Es dürfte eine der Krankheiten der modernen Zeit sein, daß wir in unserer linkshemisphärischen Hybris das Ritual weitgehend aus unserem Leben verbannt haben. Doch während wir diese Ausmerzung fertigbrachten, blieb das uralte Bedürfnis nach dem Mysterium des Rituals ungestillt und trägt entweder zum akuten Bewußtsein der Sinnlosigkeit und Leere bei, oder heftet sich an einen so banalen und armseligen Ersatz, wie den Erwerb des Führerscheins anstelle eines Initiationsritus. Zugegeben, noch bestehen Rituale, wie etwa der brasilianische Karneval, doch sind viele zur leeren Form geworden, wie etwa sein europäisches Äquivalent, der Fasching, oder wie die meisten Hochzeiten. Das Ritual ist weitgehend in den Untergrund verdrängt und macht so die rechtshemisphärische Mitwirkung an der Bewältigung nackter Tatsachen unmöglich, oder bedroht die vernünftige Ordnung der Welt durch die allem Verdrängten eigene, dunkle Gewalt. Wieviele Menschen kämen schneller und etwas schmerzloser über das Zusammenbrechen einer Ehe hinweg, wenn die banale Unterzeichnung der Scheidungsdokumente in ein modernes Ritual eingekleidet werden könnte. Nur Diktatoren und ähnliches Gelichter scheinen von dieser tiefen Notwendigkeit zu wissen und bieten der Jugend rattenfängerische Pseudorituale an.

Die psychotherapeutische Wirkung des Rituals wurde, unter vielen anderen, hauptsächlich von C. G. JUNG in seinem Werke immer wieder betont, doch blieb es hier meist bei der «Einbahnstraße» von innen nach außen, d. h. bei der Erforschung und Analyse der althergebrachten wie auch der sich spontan manifestierenden Rituale der Menschheit – also ihrer Übersetzung in die Sprache der linken Hemisphäre. In einem kürzlichen Artikel mit dem suggestiven Titel «Where have all the rituals gone?» (Wohin sind all die Rituale verschwunden?) befaßt sich Plaut [78] mit der Rolle der Rituale in unserer modernen Welt; auch er jedoch im Sinne einer «Einbahnstraße». Wenn aber Madame SECHEHAYE [92] ihrer katatonischen Patientin Renée einen Apfel gibt, oder wenn JOHN ROSEN [85] aktiv in die Wahnwelt seiner Patienten eintritt, so wird dabei das Ritual vom Spontanphänomen zur geplanten, aktiven Intervention.

Die bewußte, in allen Einzelheiten geplante und zielgerichtete Verwendung des Rituals wurde meines Wissens erst von MARA SELVINI und ihren Mitarbeitern am Mailänder Familieninstitut in die Kommunikationstherapie eingeführt. Laut ihr ist ein Familienritual «eine Handlung oder eine Reihe von Handlungen, begleitet von sprachlichen Formeln, die unter Teilnahme der ganzen Familie stattfinden. Wie jedes Ritual muß es aus einem regelgebundenen Ablauf von bestimmten Schritten zu einem bestimmten Zeitpunkt und an einem bestimmten Ort bestehen» [93, S. 238]. Und weiter:

Das «Erfinden» eines Rituals erfordert von Seiten des Therapeuten allein schon deswegen eine große schöpferische Leistung und oft, wenn ich so sagen darf, geniale Einfälle, weil ein Ritual, das sich für eine Familie wirksam erwiesen hat, für eine andere kaum ebenso wirkungsvoll sein dürfte. Dies ist deswegen, weil jede Familie ihren eigenen *Regeln* folgt und ihre eigenen *Spiele* spielt. *Vor allem ist ein Ritual nicht eine Art von Metakommunikation über diese Regeln, geschweige denn über diese Spiele; es ist vielmehr ein Gegenspiel*, das, einmal gespielt, das ursprüngliche Spiel zerstört. In anderen Worten, es führt zur Ersetzung eines ungesunden und epistemologisch falschen Rituals (z. B. des anorexischen Symptoms) durch ein gesundes und epistemologisch richtiges» [93, S. 239].

Wie dieses Zitat zeigt, sieht SELVINI in den Kommunikationsmustern gestörter Familien ein Ritual – aber natürlich ein pathogenes. Dies legt die Gültigkeit der Maxime *similia similibus curantur* nahe. Hierzu die gekürzte Beschreibung eines ihrer Beispiele:

Ein Kind, dessen EEG minimalen Hirnschaden aufzeigte, wurde in Familientherapie gebracht, da sich sein Psychiater weigerte, die Behandlung fortzusetzen. Das Kind schien psychoanalytisch unangehbar und war von einer geradezu unerträglichen Aggressivität. Nach vier Sitzungen mit den Eltern, zwei davon in Anwesenheit des Kindes, kamen die Therapeuten zur Überzeugung, daß dieses Kind, abgesehen von intensiven Konflikten zwischen seinen Eltern, in eine Doppelbindungssituation gezwungen worden war, aus der es sich nicht befreien konnte. Von den Neurologen für «krank» erklärt und mit massiven Dosen von Beruhigungsmitteln verarztet, vom Psychiater als hoffnungslos aufgegeben, wurde es daheim wie ein Irrer behandelt und es ihm daher erlaubt, sich in einer Weise aufzuführen, die keinem normalen Kinde von seinen Eltern gestattet worden wäre: heftige Tritte ins Gesicht der Mutter, während sie ihm die Schuhe anzog; Ausfälle mit dem Tischmesser; tellerweise Suppe über das Kleid der Mutter, usw. Umgekehrt wurden ihm unweigerlich in langen Predigten und Anklagen die von ihm begangenen Missetaten dann vorgehalten, wenn es sich wie ein normales Kind seines Alters verhielt. Die Therapeuten legten sich sehr rasch Rechenschaft darüber ab, daß ihre erste Maßnahme die Behebung dieser Doppelbindungssituation sein mußte, indem sie die elterliche Überzeugung von der «Geisteskrankheit» des Kindes zerstörten. Sie begriffen aber auch, daß sie dieses Ziel nicht mit verbalen Erklärungen, die umgehend verworfen worden wären, erreichen konnten. Sie beschlossen vielmehr, das folgende Familienritual zu verschreiben: Noch am selben Abend, nach dem Essen, mußte die ganze Familie, bestehend aus den Eltern, dem Patienten, seiner kleiner Schwester und der Großmutter mütterlicherseits, sich in einer Prozession ins Badezimmer begeben, wobei der Vater sämtliche Medizinfläschchen des Kindes zu tragen und den Sohn mit folgenden Worten in feierlichem Tone anzusprechen hatte: «Heute haben uns die Doktoren gesagt, daß wir alle diese Medizinen wegwerfen müssen, weil du vollkommen gesund bist. Du bist ganz einfach ein ungezogenes Kind, und wir werden deine Unarten nicht mehr dulden.» Daraufhin mußte er Medizin um Medizin aus den Fläschchen in die Toilette schütten und dabei jedes Mal wiederholen: «Du bist vollkommen gesund.» Trotz der Angst der Mutter, das Kind werde sie ohne seine Beruhigungsmittel umbringen, war das Ritual so wirksam, daß es zum Verschwinden des aggressiven Verhaltens führte, und bald darauf konnte auch der Ehekonflikt der Eltern in insgesamt zehn Sitzungen friedlich beigelegt werden [93, S. 236–7].

Es besteht kein Zweifel, daß mit der Weiterentwicklung und der Verfeinerung der therapeutischen Rituale die Familientherapie zusätzlich an Wirksamkeit gewinnen wird.

Schlußbemerkungen

Beiß mir nicht in den Finger;
schau, wohin er zeigt.
WARREN S. MCCULLOCH

Die ungewöhnliche Natur der hier beschriebenen Interventionen, besonders der Rituale, vor allem aber die ihnen zugrunde liegende nichtpsychologische Logik der *Möglichkeit des Andersseins,* wirft erfahrungsgemäß drei skeptische Fragen auf:

Die erste bezieht sich auf die scheinbar aus der Luft gegriffene Form der spezifischen Interventionen, deren Auswahlkriterien in diesem Buch anscheinend überhaupt nicht behandelt werden. Wie soll der Therapeut aus der überwältigend großen Zahl möglicher und merkwürdigster Verschreibungen gerade die für den Einzelfall indizierte wählen? Die Antwort ist fast trivial einfach und trägt damit zu weiterer Skepsis bei: Indem er sorgfältigst untersucht, was die Betreffenden bisher zur Lösung ihres Problems getan haben. Wenn man statt der meines Erachtens nutzlosen Pflichtübung der anamnestischen Kausalableitung menschlicher Probleme aus der Vergangenheit sich dazu entschließt, diese in ihrer Beschaffenheit und Auswirkung *jetzt und hier* zu untersuchen, so erweist es sich, daß das wahre Problem die bisher versuchte Lösung des «Problems» ist, und damit richtet sich die Intervention gegen die versuchte, problemerhaltende Lösung. *Die Lösung ist das Problem* [1] und sie bestimmt Natur und Struktur der Intervention.

Der zweite Einwand bezieht sich auf die Wirkungsdauer der Interventionen und ist ein *curiosum sui generis.* In praktisch keinem einzigen vergleichbaren Bereich wird die Forderung erhoben und akzeptiert, daß Änderungen endgültig und vollkommen sein müssen. Überall, außer in der klassischen Psychotherapie, wird es als selbstverständliche Lebensgegebenheit hingenommen, daß es keine perfekten und ein für allemal erreichten Lösungen gibt, daß Probleme wiederkehren können und daß das Leben ein lebenslanger Prozeß der bestmöglichen, aber nie vollständigen Anpassung ist – allein schon deswegen, weil sich das Szenarium ununterbrochen ändert. In der Therapie dagegen ist von wundersamen Zuständen wie genitaler Libidoorganisation die Rede, von Individuation und vor allem davon, daß eine Behandlung nur dann erfolgreich ist, wenn eine Schwierigkeit oder gar ein Symptom *nie wieder* auftritt. In dieser Sicht bedeutet Thera-

---

[1] Vgl. hierzu [108, S. 51–9].

pie die Herbeiführung des endgültigen, völlig utopischen Zustands der
Freiheit von Leiden und Problemen, während das Erreichen der «bloßen»
Fähigkeit, mit dem Leiden zu leben und mit den jeweils auftauchenden
Problemen schlecht und recht fertigzuwerden, für oberflächliche Pfusche-
rei gilt[2]. Es ist dies nicht der Ort, aufzuzeigen, welche überaus negativen
Wirkungen sich aus dieser Utopie für die Länge und die Wirksamkeit
psychotherapeutischer Behandlungen ergeben, und wie sie eng mit dem
völlig unbewiesenen Dogma zusammenhängt, daß ohne eine Erhellung
der Ursachen in der Vergangenheit ein Wandel in der Gegenwart unmöglich ist. Die Patientin z. B., die nicht *nein* sagen konnte und das Neinsagen
aus diesem Glauben heraus vermied, wußte sogar um die Genese ihres
Symptoms – was ihr aber half, war nicht dieses Wissen, sondern die im
Jetzt und Hier und auf keinerlei Analyse der Genese beruhende therapeutische Doppelbindung und das mit ihr verbundene Erfassen der
Möglichkeit des Andersseins. Der den Heimbetrieb störende, rebellische
«Schwererziehbare» stellte sein Trommeln ein, wurde damit freilich nicht
plötzlich zum Engel und dürfte das Personal auch weiterhin vor diszipli-
näre Probleme gestellt haben, die jeweils neue Lösungen erforderten. Nur
das erfolgreiche Umgehen mit Problemen, nicht eine problemfreie Welt,
kann Ziel einer verantwortungsbewußten Therapie sein.

Die dritte Frage zielt gegen die scheinbare Oberflächlichkeit des hier
beschriebenen Ansatzes und wird erfahrungsgemäß sowohl von besorgten
Kollegen und es ohnehin besserwissenden Rezensenten gestellt. Hierzu
sei an dieser Stelle nur bemerkt, daß die bloße Tatsache des Nichthinein-
passens einer Technik in den Begriffsrahmen einer anderen Theorie die
Unrichtigkeit und Unbrauchbarkeit dieser Technik noch lange nicht beweist. Ich habe eingangs erwähnt, daß meine These einfach, ihre Anwendung es aber nicht ist. Das Kriterium bleibt die Anwendung – aber nicht
im Sinne des bekannten Witzes: *Klavierspielen gibt es nicht; ich habe es
selbst mehrmals versucht, und es ist nichts dabei herausgekommen.*

---

[2] «Ich behandle nicht, ich analysiere», pflegte einer meiner Lehrer stolz zu sagen;
und er goß die Schale seines Hohnes über das warnende Beispiel eines Kollegens,
dem es irgendwie gelungen war, einen Patienten in 45 Minuten von seinem Symptom zu befreien.

Bibliographie

1. ADLER, ALFRED: *Praxis und Theorie der Individualpsychologie.* Verlag J. F. Bergmann, München und Wiesbaden, 1920.
2. ARISTOTELES: *Nikomachische Ethik.*
3. ARISTOTELES: *Rhetorik an Alexander.*
4. ARISTOTELES: *Topik.*
5. ARNIM, BETTINA VON: *Goethes Briefwechsel mit einem Kinde.* Herausgegeben von Gustav Konrad. Bartmann-Verlag, Frechen, 1960, S. 271.
6. BAKAN, PAUL: ‹The right brain is the dreamer›. *Psychology Today* 10 : 66–8, November 1976.
7. BANDLER, RICHARD und JOHN GRINDER: *The Structure of Magic.* Science and Behavior Books, Palo Alto, 1975, S. 170–1.
8. BATESON, GREGORY, DON D. JACKSON, JAY HALEY und JOHN WEAKLAND: ‹Auf dem Wege zu einer Schizophrenie-Theorie›, in *Schizophrenie und Familie*, herausgegeben von Jürgen Habermas, Dieter Henrich und Jacob Taubes. Aus dem Englischen von Hans Werner Saß. Suhrkamp Verlag, Frankfurt/M. 1969, S. 11–43.
9. BATESON, GREGORY: *Steps to an Ecology of Mind.* Kapitel: ‹The logical categories of learning and communication›. Ballantine Books, New York, 1972, S. 279–308.
10. BAUSANI, ALESSANDRO: *Geheim- und Universalsprachen. Entwicklung und Typologie.* Verlag W. Kohlhammer, Stuttgart, 1970.
11. BERGER, PETER L. und THOMAS LUCKMANN: *Die gesellschaftliche Konstruktion der Wirklichkeit.* S. Fischer Verlag, Frankfurt/M., 1970.
12. BETTELHEIM, BRUNO: *The Uses of Enchantment.* Alfred A. Knopf, New York, 1976, S. 6.
13. BEVER, THOMAS G. und ROBERT CHIARELLO: ‹Cerebral dominance in musicians and nonmusicians›. *Science* 185 : 537–9, 1974.
14. BOGEN, JOSEPH E.: ‹The other side of the brain II: An appositional mind›. *Bulletin of the Los Angeles Neurological Society* 34 : 135–62, 1969.
15. BROWN, GEORGE SPENCER: *Laws of Form.* Bantam Books, New York, 1973.
16. BURGER, HEINZ O.: *Dasein heißt eine Rolle spielen. Studien zur deutschen Literaturgeschichte.* Carl Hanser Verlag, München 1963.
17. DIMOND, STUART: *The Double Brain.* The Williams & Wilkins Co., Baltimore, 1972.
18. DOMHOFF, G. WILLIAM: ‹But why did they sit on the king's right in the first place?› *Psychoanalytic Review* 56 : 596, 1969/70.
19. DSCHUANG DSI: *Das wahre Buch vom südlichen Blütenland.* Aus dem Chinesischen verdeutscht und erläutert von Richard Wilhelm. Eugen Diederichs Verlag, Düsseldorf/Köln 1951, S. 148–9.
20. DÜRCKHEIM, KARLFRIED VON: *Im Zeichen der Großen Erfahrung.* O. W. Barth-Verlag, München-Planegg, 1951.
21. ECCLES, JOHN C.: *Das Gehirn des Menschen.* R. Piper & Co. Verlag, München, 1975.
22. ENZENSBERGER, HANS MAGNUS: *Einzelheiten I. Bewußtseins-Industrie.* Suhrkamp-Verlag, Frankfurt/M., 1962.

23. ERICKSON, MILTON H.: «Deep hypnosis and its induction», in *Experimental Hypnosis*, herausgegeben von Leslie M. LeCron, Macmillan, New York, 1952, S. 70–114. Abgedruckt in [49], S. 7–31.

24. ERICKSON, MILTON H.: «Further techniques of hypnosis – Utilization techniques». *American Journal of Clinical Hypnosis*, 2 : 3–21, 1959, S. 4. Abgedruckt in [49], S. 33.

25. ERICKSON, MILTON H.: «The confusion technique in hypnosis», *American Journal of Clinical Hypnosis* 6 : 183–207, 1964. Abgedruckt in [49], S. 130–57.

26. ERICKSON, MILTON H.: «The use of symptoms as an integral part of hypnotherapy». *American Journal of Clinical Hypnosis* 8 : 57–65, 1965. Abgedruckt in [49], S. 501–2.

27. ERICKSON, MILTON H.: «The interspersal technique for symptom correction and pain control». *American Journal of Clinical Hypnosis* 3 : 198–209, 1966. Abgedruckt in [49], S. 510–20.

28. ERICKSON, MILTON H. und ERNST L. ROSSI: «Varieties of Double Bind». *American Journal of Clinical Hypnosis* 17 : 143–57, 1975.

29. EVANS, J. MARTIN: *America: The View from Europe*. The Portable Stanford, Stanford Alumni Association, Stanford, 1976, S. 47–8.

30. FOERSTER, HEINZ VON: «On constructing a reality», in *Environmental Design Research*, Band 2, herausgegeben von W. F. E. Preiser, Dowden, Hutchinson & Ross, Stroudsberg, 1973, S. 35–46.

31. FOERSTER, HEINZ VON: «Notes pour une épistémologie des objets vivants», in *L'unité de l'homme*, herausgegeben von Edgar Morin und Massimo Piatelli-Palmarini, Éditions du Seuil, Paris, 1974, S. 401–7. Auf Englisch: «Notes on an epistemology for living things». Biological Computer Laboratory, Publication No. 224, University of Illinois, Urbana, Department of Electrical Engineering.

32. FRANKL, VIKTOR E.: *Ärztliche Seelsorge. Grundlagen der Logotherapie und Existenzanalyse*. Deuticke, Wien, 1966.

33. FRANKL, VIKTOR E.: *Theorie und Therapie der Neurosen*. Ernst Reinhard Verlag, München, Basel, 1975, S. 159–83.

34. FREUD, SIGMUND: *Neue Folge der Vorlesungen zur Einführung in die Psychoanalyse*. In: *Gesammelte Werke*. S. Fischer Verlag, Frankfurt/M., 1961, Band 15, S. 189.

35. FRY, WILLIAM F.: *Sweet Madness: A study of Humor*. Pacific Books, Palo Alto, 1963.

36. GALIN, DAVID: «Implications for psychiatry of left and right cerebral specialization: A neurophysiological context for unconscious processes». *Archives of General Psychiatry* 31 : 572–83, 1974.

37. GAUGER, HANS-MARTIN: *Sprachbewußtsein und Sprachwissenschaft*. R. Piper & Co. Verlag, München, 1976, S. 156.

38. GAZZANIGA, MICHAEL S.: *The bisected Brain*. Appleton-Century-Crofts, New York, 1970.

39. GAZZANIGA, MICHAEL S.: «Changing hemisphere dominance by changing reward probabilities in split-brain monkeys». *Experimental Neurology* 33 : 412–9, 1971.

40. GAZZANIGA, MICHAEL S.: «One brain – two minds?» *American Scientist* 60 : 311–7, 1972.

41. GESCHWIND, NORMAN: «Studies of hemispheric connections», in *Brain Mechanisms underlying Speech and Language*, herausgegeben von Clark H. Millikan und Frederic Darley, Grune & Stratton, New York und London, 1967.

42. GIONO, JEAN: *Der Fall Domenici.* Kiepenheuer und Witsch, Köln, ohne Datum. Aus dem Französischen von Richard Herre. Originaltitel: *Notes sur l'affaire Domenici.*

43. GOMBRICH, ERNST H.: *The Story of Art.* Phaidon Publishers (distributed by Oxford University Press), New York, 1950, S. 25.

44. GOMBRICH, RICHARD: «The consecration of a Buddhist image». *Journal of Asian Studies* 26 : 23–6, 1966, S. 24.

45. GOMPERZ, HEINRICH: *Sophistik und Rhetorik.* Wissenschaftliche Buchgesellschaft, Mannheim, 1965, S. 41.

46. GORDON, HAROLD W.: «Hemispheric activity and musical performance». *Science* 189 : 68–9, 1974.

47. GORDON, HAROLD W. und ROGER W. SPERRY: «Olfaction following surgical disconnection of the hemispheres in man». Unveröffentlichtes Referat vor der Jahresversammlung der Psychonomic Society, St. Louis, Oktober 1968.

48. GÜNTHER, GOTTHARD: *Das Bewußtsein der Maschinen. Eine Metaphysik der Kybernetik.* Agis-Verlag, Baden-Baden, 1967.

49. HALEY, JAY: *Advanced Techniques of Hypnosis and Therapy. Selected Papers of Milton H. Erickson, M. D.* New York und London, Grune & Stratton, 1967.

49a. HALEY, JAY: *Uncommon Therapy. The Psychiatric Techniques of Milton H. Erickson, M. D. W. W.* Norton, New York 1973.

50. HAYAKAWA, SAMUEL I.: *Language in Action.* Harcourt, Brace & Co., New York, 1941, S. 102–20.

51. HILGARD, ERNEST und JOSEPHINE R. HILGARD: *Hypnosis in the Relief of Pain.* William Kaufmann Inc., Los Altos, 1975, S. 86–102.

52. HOLTON, GERALD: persönliche Mitteilung.

53. HOPPE, KLAUS D.: «Die Trennung der Gehirnhälften». *Psyche* 29 : 919–40, 1975.

54. HUNTER, JOHN: *A Treatise on the Venereal Disease.* Im Selbstverlag, London, 1786, S. 200–4.

55. HUXLEY, ALDOUS: *Die ewige Philosophie.* Steinberg-Verlag, Zürich, 1949, S. 69.

56. JANET, PIERRE: *Les névroses.* Bibliothèque de Philosophie, Paris, 1909.

57. JASPERS, KARL: *Von der Wahrheit.* R. Piper & Co. Verlag, München, 1947.

58. JAYNES, JULIAN; zitiert in *Science News* 108 : 378–83, 13. 12. 1975.

59. JESPERSEN, OTTO: *Language, its Nature, Development and Origin.* George Allen und Unwin, London 1922, S. 184. (Zitiert vom Verfasser aus einem Bericht von Jonasson und Eschricht in *Dansk Maanesskrift,* 1858)

60. JUNG, CARL G.: *Psychologische Typen.* Rascherverlag, 8. Aufl., 1950.

61. KELLY, GEORGE A.: *The Psychology of Personal Constructs.* 2 Bände. W. W. Norton, New York, 1955.

62. KIMURA, DOREEN: «The asymmetry of the human brain». *Scientific American* 228 : 70–8, 1973.

63. KINSBOURNE, MARCEL und W. SMITH: *Hemispheric Disconnection and Cerebral Function.* Charles C. Thomas, Springfield, 1974.

64. KOESTLER, ARTHUR: *Der göttliche Funke. Der schöpferische Akt in Kunst und Wissenschaft.* Übertragung aus dem Englischen von Agnes Cranach und Willy Thaler. Scherz Verlag, Bern und München, 1966.

65. KOPPERSCHMIDT, JOSEF: *Allgemeine Rhetorik. Einführung in die Theorie der Persuasiven Kommunikation.* Verlag W. Kohlhammer, Stuttgart, 1973.

66. KUHN, THOMAS S.: *Die Struktur wissenschaftlicher Revolutionen.* Suhrkamp, Frankfurt/M., 1976.

67. LAING, RONALD D.: «Mystifizierung, Konfusion und Konflikt», in *Schizophrenie und Familie,* siehe Hinweis 8 (oben), S. 274–304.

68. LAING, RONALD D. und Aaron Esterson: *Sanity, Madness and the Family.* Band I, *Families of Schizophrenics.* Tavistock Publications, London, 1964, S. 145. Deutsche Ausgabe: *Wahnsinn und Familie. Familien von Schizophrenen.* Kiepenheuer und Witsch, Köln, 1975, übersetzt von Hans Hermann.

69. LEVY, JERRE: «Cerebral Asymetries as Manifested in Split-Brain Man», in *Hemispheric Disconnection and Cerebral Function,* siehe Hinweis 63 (oben), Kapitel IX, S. 165–83.

70. MALLY, ERNST: *Grundgesetze des Sollens. Elemente der Logik des Willens.* Leuscher und Lubensky, Graz, 1926, S. 36.

71. MARX, KARL: *Frühe Schriften I.* Herausgegeben von Hans-Joachim Lieber und Peter Furth. Cotta-Verlag, Stuttgart, 1962, S. 9.

72. MAUTHE, JÖRG: *Nachdenkbuch für Österreicher, insbesondere Austrophile, Austromasochisten und andere Austriaken.* Verlag Fritz Molden, Wien, München, Zürich, 1975, S. 20.

73. NOYES, RUSSELL und ROY KLETTI: «Depersonalization in the face of life-threatening danger: A description». *Psychiatry* 39 : 19–27, 1976.

74. PIAGET, JEAN: *Der Aufbau der Wirklichkeit beim Kinde.* Klett-Verlag, Stuttgart, 1974.

75. PIERCE, JOHN R.: *Symbols, Signal and Noise.* Harper & Bros., New York, 1961, S. 119.

76. PLATON: *Gorgias,* 456–7.

77. PLATON: *Der Staat.*

78. PLAUT, A.: «Where have all the rituals gone?». *Journal of Analytical Psychology* 20 : 3–17, 1975.

79. PLUTARCH, zitiert in HERMANN DIELS: *Fragmente der Vorsokratiker,* 2. Auflage, 2. Band, 1. Hälfte, Weidmannsche Buchhandlung, Berlin 1907, S. 590.

80. POINCARÉ, HENRI: *La morale et la science.* Flammarion, Paris, 1913, S. 225.

81. POPPER, Sir KARL RAIMUND: *Conjectures and Refutations; The Growth of Scientific Knowledge.* Basic Books, New York, 1962.

82. «Psychophysiological Aspects of Cancer». *Annals of the New York Academy of Sciences* 164 : 307–634, 1969.

83. QUINTILIAN, MARCUS FABIUS: *Institutio oratoria.* Buch XI, III/5.

84. RESCHER, NICHOLAS: *The Logic of Commands.* Dover Publications, New York, und Routledge & Kegan Paul, London, 1966.

85. ROSEN, JOHN N.: *Direct Analysis. Selected Papers.* Grune & Stratton, New York, 1953.

86. SACERDOTE, PAUL: «The uses of hypnosis in cancer patients», in: «Psychophysiological Aspects of Cancer». *Annals of the New York Academy of Sciences* 125 : 1011–19, 1966.

87. SALIMBENE: *La bizzarra cronaca di Frate Salimbene.* Carabba, Lanciano, 1926.

88. SCHMIDT, ARNO: «Caliban über Setebos», in: *Orpheus.* Fischer Bücherei, Frankfurt/M. 1970, S. 22–4 passim.

89. SCHNEIDER, WOLF: *Wörter machen Leute. Magie und Macht der Sprache.* R. Piper & Co. Verlag, München, 1976.

90. SCHRÖDINGER, ERWIN: *Mind and Matter.* Cambridge University Press, Cambridge, 1958.

91. SEARLES, HAROLD F.: «Das Bestreben, den anderen verrückt zu machen – ein Element in der Ätiologie und Psychotherapie der Schizophrenie», in *Schizophrenie und Familie,* siehe Hinweis 8 (oben), S. 128–67.

92. SECHEHAYE, MARGUERITE: *Tagebuch einer Schizophrenen während der psychotherapeutischen Behandlung.* Aus dem Französischen von Eva Moldenhauer. Suhrkamp-Verlag, Frankfurt/M., 1973.

93. SELVINI PALAZZOLI, MARA: *Self-Starvation. From the Intrapsychic to the Transpersonal Approach to Anorexia Nervosa.* Human Context Books, Chaucer Publishing Co., London, 1974.

94. SELVINI PALAZZOLI, MARA und Mitarbeiter: «Un caso di encopresi e un caso di anoressia infantile risolta con psicoterapia breve dei genitori». *Neuropsichiatria Infantile* 46 : 539–54, 1973. Auf Englisch: «The treatment of children through brief therapy of their parents». *Family Process* 13 : 429–42, 1974, S. 436.

95. SIMONTON, O. CARL und STEPHANIE SIMONTON: «Belief systems and management of the emotional aspects of malignancy». *Journal of Transpersonal Psychology* 1 : 29–47, 1975. (Enthält ausführliche Bibliographie)

96. SLUZKI, CARLOS E. und DONALD C. RANSOM (Herausgeber): *Double Bind. The Foundation of the Communicational Approach to the Family.* Grune & Stratton, New York, 1976.

97. SMITH, AARON: «Speech and other functions after left (dominant) hemisperectomy». *Journal of Neurology, Neurosurgery and Psychiatry* 29 : 467–71, 1966.

98. SPERRY, ROGER W.: Hemispheric deconnection and unity in conscious awareness». *American Psychologist* 23 : 723–33, 1968.

99. SPITZ, RENÉ A.: *Die Entstehung der ersten Objektbeziehungen.* 2. Auflage, Ernst Klett Verlag, Stuttgart, 1960.

100. SPITZER, DANIEL: *Wiener Spaziergänge.* G. Müller, München, 1912, Band II, S. 42.

101. STAROBINSKI, JEAN: *La relation critique.* Gallimard, Paris, 1970. Deutsche Ausgabe: *Psychoanalyse und Literatur,* Suhrkamp-Verlag, Frankfurt/M., 1973.

102. VARELA G., FRANCISCO J.: «A calculus for self-reference». *International Journal of General Systems* 2 : 5–24, 1975. Mit einem einführenden Vorwort von Richard H. Howe und Heinz von Foerster, *ibid.* 2 : 1–3, 1975.

103. VERÓN, ELISEO: *Conducta, estructura y comunicación.* Editorial Jorge Alvarez, Buenos Aires, 1968, S. 178–81.

104. VIEHWEG, THEODOR: *Topik und Jurisprudenz.* C. H. Becksche Verlagsbuchhandlung, München 1953, S. 22.

105. WADA, JUHN A.; zitiert in *Science News* 110 : 277, 30. 10. 1976. (Kurzbericht über eine Tagung über die Evolution und Lateralisierung des Gehirns, veranstaltet von der New Yorker Akademie der Wissenschaften, Oktober 1976.)

106. WAGENKNECHT, CHRISTIAN J.: *Das Wortspiel bei Karl Kraus.* Vandenhoek & Ruprecht, Göttingen, 1965, S. 105.

107. WATZLAWICK, PAUL, JANET H. BEAVIN und DON D. JACKSON: *Menschliche Kommunikation. Formen, Störungen, Paradoxien.* Verlag Hans Huber, Bern, Stuttgart, Wien, 4. Auflage, 1974.

108. WATZLAWICK, PAUL, JOHN H. WEAKLAND und RICHARD FISCH: *Lösungen. Zur Theorie und Praxis menschlichen Wandels.* Verlag Hans Huber, Bern, 1974.

109. WATZLAWICK, PAUL: *Wie wirklich ist die Wirklichkeit?* R. Piper & Co. Verlag, München, 1976.

110. WEAKLAND, JOHN H. und DON D. JACKSON: «Patient and therapist observations on the circumstances of a schizophrenic episode». *Archives of Neurology and Psychiatry* 79 : 554–74, 1958.

111. WEDER, HEINZ: *Der Makler.* Kandelaber-Verlag, Bern, 1969.

112. WEIGEL, HANS: *Die Leiden der jungen Wörter. Ein Antiwörterbuch.* Deutscher Taschenbuch Verlag, 1976, S. 133.

113. WIGAN, ARTHUR L.: *A new View of Insanity. The Duality of the Mind.* Longman, London 1844.

125

114. WITTGENSTEIN, LUDWIG: *Bemerkungen über die Grundlagen der Mathematik.* Basil Blackwell, Oxford, 1956 (zweisprachige Ausgabe), S. 100.
115. XENOPHON: *Memorabilien* IV, 6.15.
116. ZANGWILL, OLIVER L.: «Speech and the minor hemisphere». *Acta Neurologica et Psychiatrica Belgica* 67 : 1013–20, 1967.

Personen- und Sachregister

128

Paul Watzlawick